Erwin W. Lutzer
Leben ohne Balast

ERWIN W. LUTZER

LEBEN OHNE BALLAST

Erwin W. Lutzer
Leben ohne Ballast

Best.-Nr. 271 490
ISBN 978-3-86353-490-5
Christliche Verlagsgesellschaft Dillenburg

Best.-Nr. 180099
ISBN 978-3-85810-430-4
Verlag Mitternachtsruf, www.mnr.ch

Titel des amerikanischen Originals:
The Power of a Clear Conscience
Copyright © 2016 by Erwin Lutzer
Published by Harvest House Publishers
PO Box 41210, Eugene, OR 97404
www.harvesthousepublishers.com

Soweit nicht anders vermerkt,
wurde folgende Bibelübersetzung verwendet:
Elberfelder Bibel 2006
© 2006 by SCM R.Brockhaus
in der SCM-Verlagsgruppe GmbH Witten/Holzgerlingen.

Darüber hinaus wurde die folgende Übersetzung verwendet:
bibel.heute, © 2010 Karl-Heinz Vanheiden und
Christliche Verlagsgesellschaft Dillenburg (NeÜ).

1. Auflage
© 2018 Christliche Verlagsgesellschaft, Dillenburg
www.cv-dillenburg.de
Übersetzung: Anke Hillebrenner, Anna Knopf
Satz und Umschlaggestaltung:
Christliche Verlagsgesellschaft Dillenburg
Umschlagmotiv: © Shutterstock.com/Elena Schweitzer

Druck: GGP Media GmbH, Pößneck
Printed in Germany

INHALT

WIDMUNG

Dieses Buch ist all jenen gewidmet, deren Gewissen ihnen einreden will, ihre Sünde sei zu groß, als dass sie je vergeben werden könne; jenen, die meinen, ihre Vergangenheit müsse ihre Zukunft bestimmen. Diese Seiten wurden geschrieben, um deutlich zu machen: je größer unser Versagen, desto mächtiger die Gnade, die uns beispringt.

> *„Das Gesetz aber kam daneben hinzu, damit die Übertretung zunehme. Wo aber die Sünde zugenommen hat, ist die Gnade überreich geworden, damit, wie die Sünde geherrscht hat im Tod, so auch die Gnade herrscht durch Gerechtigkeit zu ewigem Leben durch Jesus Christus, unseren Herrn." (Römer 5,20-21)*

1

Aus dem Schatten

Kein Zeuge ist so belastend und kein Ankläger so mächtig
wie das eigene, uns innewohnende Gewissen.
Sophokles

In Shakespeares *Hamlet* heißt es: „Das Gewissen macht uns alle zu Feiglingen." Wie wahr! Dabei spielt es keine Rolle, welchen persönlichen oder gemeindlichen Hintergrund wir haben oder ob wir gar in einem nichtreligiösen Elternhaus aufgewachsen sind. Ich bin mir ziemlich sicher, dass Sie ab und zu gegen Ihr Gewissen handeln. Unser Gewissen sitzt über all unser Handeln zu Gericht und sagt: „Aha! Du hast dich also bewusst für etwas Falsches entschieden."

In dem Buch *Der Heilige Krieg* von John Bunyan ist die Rede von einer Stadt namens Menschen-Seele, die von Diabolos (Teufel), dem falschen Prinzen, eingenommen wurde. Der niederträchtige Herrscher hat die Stadt in seiner Gewalt – nur der Registrator Herr Gewissen widersetzt sich. Trotz der Herrschaft des Diabolos läutet der Registrator (Gewissen) manchmal die Glocke, läuft die Straßen auf und ab und ruft: „Diabolos ist ein Lügner und Betrüger! Prinz Immanuel ist der wahre Prinz von Menschen-Seele!" Anders formuliert ist es also die Stimme des Gewissens, die uns inmitten einer getäuschten und verblendeten Welt daran erinnert, dass es ein höheres Gesetz gibt, dem man sich unterwerfen muss. Der Lügner Diabolos hat eben nicht das letzte Wort.

1968 kam der britische Geschäftsmann Donald Crowhurst im Rahmen des *Golden Globe Race* – eines Weltumsegelungs-Rennens – vom Kurs ab und hielt sich nah der südamerikanischen Atlantikküste verborgen, um seine Mitstreiter später abzupassen und sich ihnen auf dem Rückweg wieder anzuschließen. Um einen vermeintlich sensationellen Fortschritt vorzutäuschen, setzte er optimistische Funknachrichten mit erfundenen Positionsmeldungen ab und hätte vermutlich die Täuschung der ganzen Welt über seine Rolle in diesem Rennen aufrechterhalten können, wenn dieser Betrug sein Gewissen nicht so belastet hätte.

Aus Angst aufzufliegen, sprang er über Bord und ertrank. Später fand man seine Aufzeichnungen, konnte den Betrug lückenlos nachvollziehen, und die Welt erfuhr davon, dass Crowhurst geplant hatte, sich den Sieg mithilfe einer List zu erschleichen. Und bevor er ganz offensichtlich freiwillig in den Tod ging, bekannte er sich zu dem, was er getan hatte, und versuchte, sein Gewissen so gut es ging zu erleichtern.

Unser Gewissen hat die Macht, Segen oder Fluch zu sein. Es kann uns entweder befähigen, Großes für Gott zu tun, oder uns aber mit schlaflosen Nächten oder einem nicht enden wollenden Kreislauf aus Hoffnungslosigkeit und Zorn knechten. Und diese innere Stimme hört eben nicht auf menschliche Erklärungsversuche.

Was ist das Gewissen?

Der althochdeutsche Wortursprung *giwizzani* ist der Versuch einer Wiedergabe des lateinischen Begriffes *conscientia: Con* bedeutet

„mit" und *scientia* „Wissen", sodass auch unser heute gebräuchliches Wort so viel wie „Mitwissen" bedeutet und ein Wissen meint, das wir mit uns oder in uns tragen.[1] Das Gewissen ist ein mächtiges Instrument, dessen Ursprung und Bedeutung wir in diesem ersten Kapitel etwas näher beleuchten wollen.

Drei Merkmale des Gewissens sind für unsere Betrachtung besonders bedeutsam.

Zunächst einmal *ist das Gewissen universell.* Jeder Mensch hat ein Gewissen. Im Neuen Testament argumentiert Paulus so: Sowohl die Juden, die im Besitz des Gesetzes und daher mit dem Willen Gottes vertraut waren, als auch die Heiden, die das geschriebene Gesetz nicht kannten, hatten gegen die göttlichen Standards verstoßen und waren somit vor Gott schuldig geworden. Dabei führt Paulus aus, dass die Juden durch das Gesetz Gottes überführt werden, die Heiden dagegen durch ihr eigenes Gewissen:

> *Denn wenn Nationen, die kein Gesetz haben, von Natur dem Gesetz entsprechend handeln, so sind diese, die kein Gesetz haben, sich selbst ein Gesetz. Sie beweisen, dass das Werk des Gesetzes in ihren Herzen geschrieben ist, indem ihr Gewissen mit Zeugnis gibt und ihre Gedanken sich untereinander anklagen oder auch entschuldigen – an dem Tag, da Gott das Verborgene der Menschen richtet nach meinem Evangelium durch Christus Jesus.* (Römer 2,14-16)

Die Heiden werden durch ihr Gewissen also entweder angeklagt oder entschuldigt. Das Gewissen ist somit das Gesetz Gottes, das in Grundzügen in jedem menschlichen Herzen vorhanden ist.

Ich unterhielt mich einmal mit einer Frau, die sich mit ihrer atheistischen Grundhaltung ganz gut arrangiert hatte. Falls es Gott überhaupt gäbe, so sei er auf jeden Fall nicht für sie da

---

1   *Etymologisches Wörterbuch des Deutschen,* dtv-Verlag, 2. Auflage, ungekürzt und durchgesehen, 1995, S. 446-447

gewesen, als sie ihn gebraucht hätte. Gleichwohl gab sie gewisse Schuld in ihrem Leben zu, empfand Reue darüber und erkannte, dass ihr Tun falsch gewesen war. Sie benannte ganz konkret die Punkte, die sie ihrer Meinung nach bereinigen müsse, sie wisse jedoch nicht, wie sie das konkret bewerkstelligen solle. „Ich weiß schon jetzt, dass ich mir Sorgen machen werde, dass nach dem Tod doch noch ‚etwas kommt‘, sobald er an meine Tür klopft“, sagte sie.

Verstehen Sie mich bitte nicht falsch. Damit meine ich nicht, dass jeder Mensch dieselbe Vorstellung davon hat, was gut und was böse ist. Vielmehr hat jeder Mensch ein Gewissen, das sein individuelles Handeln beurteilt. Dass das Urteil des Gewissens von Kultur zu Kultur und bedingt durch das jeweilige Umfeld unterschiedlich ausfällt, steht auf einem ganz anderen Blatt.

Jeder von uns hat sicherlich schon einmal in einem Flughafen Bekanntschaft mit einem Metalldetektor gemacht. Manchmal löst meine Gürtelschnalle einen Alarm aus und manchmal nicht. Auf meine Nachfrage erfuhr ich, dass manche Detektoren sensibler sind als andere. Die Sensibilität hängt von der jeweiligen Einstellung ab. Genauso reagieren auch unsere Gewissen manchmal unterschiedlich. Mein Gewissen lehnt ein Verhalten ab, das Ihr Gewissen dagegen für gut befindet. In nebensächlichen Fragen mag unser interner Richter zu unterschiedlichen Beurteilungen kommen, doch bezüglich der moralischen Grundsätze gibt es einen allgemeingültigen Konsens. Und so hat jeder von uns schon einmal seine innere Stimme sagen gehört: „Was du getan hast, war falsch.“

Auch Heiden haben ein Gewissen. Das unterscheidet den Menschen vom Tier. Natürlich können auch Tiere Regungen zeigen, die nach Reue aussehen und durch die Erziehung des Menschen bedingt sind, doch Hinweise darauf, dass Tiere tatsächlich unter ihrem eigenen Verhalten leiden können, gibt es nicht. Dem Löwen macht es nichts aus, einer Gazelle ihr Junges zu rauben. Die Schlange stiehlt einem Vogel ohne zu zögern ein Ei. Und der

Bär fällt auch wie selbstverständlich über ein Kind her. Ein Beweis für die Existenz Gottes ist die Tatsache, dass der Mensch, den Gott nach seinem Ebenbild erschaffen hat, diese innere Kontrollinstanz besitzt – ein inneres „du sollst".

Zweitens *ist das Gewissen durch Erziehung beeinflussbar.* Diese Facette des menschlichen Gewissens kann sich sowohl positiv als auch negativ auswirken. In einem ganz anderen Zusammenhang schreibt Paulus davon, dass manche Christen durch ihr Gewissen an einem konkreten Handeln gehindert werden (wie beispielsweise das Essen von Götzenopferfleisch), während wiederum das Gewissen anderer Christen ihnen die Freiheit gewährt, genau das Gegenteil zu tun (siehe Römer 14,1-4.10-12). Wir werden uns diesem Aspekt in einem der späteren Kapitel noch gesondert und genauer widmen.

Obwohl unser Gewissen nicht unfehlbar ist, bestätigt oder verwirft es die grundlegenden ethischen Entscheidungen, die wir treffen. So kann man nahezu allgemeingültig feststellen, dass das Gewissen Stehlen, Lügen und sexuelle Unmoral als falsch bewertet.

Drittens *hat das Gewissen eine ungeheure Macht.* Es kann uns Tag und Nacht quälen und uns am Ende zerstören. Später werden wir einmal Shakespeares Figur der Lady Macbeth betrachten, deren aufgewühltes Gewissen sie in den Selbstmord trieb. Die gute Nachricht ist jedoch, dass sich Lady Macbeth nicht hätte umbringen müssen, ebenso wenig wie Selbstmord für uns heute die Lösung dieses Konflikts darstellt.

Regelmäßig befinden wir uns in einem Dilemma: Unser Gewissen meldet sich in der Regel erst dann, wenn wir etwas Bestimmtes tun. Wenn wir verwerfliches Handeln in Erwägung ziehen, schweigt es noch. Erst im Nachhinein regt es sich und raubt uns den Frieden – vorzugsweise zu nächtlicher Stunde, wenn wir uns schlafen legen. Vielleicht ist ein belastetes Gewissen die eigentliche Ursache dafür, dass ein beachtlicher Teil der Bevölkerung so regen Gebrauch von Schlaftabletten macht. Denn der Zustand unseres Gewissen kann uns am Einschlafen hindern oder für ein vorzeitiges Erwachen verantwortlich sein. Manchmal gellt es regelrecht in unseren Ohren.

Ich bin mit einem Christen befreundet, dessen Mutter sich häufig in stationäre psychiatrische Behandlung begeben musste, als er selbst noch ein Kind war. An seinem zweiundzwanzigsten Geburtstag eröffnete seine Mutter ihm, dass der Mann, den er für seinen Vater hielt, in Wahrheit gar nicht sein biologischer Vater war, sondern ein ortsansässiger Arzt, mit dem sie seinerzeit eine Affäre gehabt hatte.

Sie können sich sicher vorstellen, was dieses erschreckende Geständnis bei dem jungen Mann anrichtete. Er geriet in eine tiefgreifende Identitätskrise, durch die er emotional und geistlich Schiffbruch erlitt. Sein Selbstbild geriet so stark ins Wanken, dass er schließlich glaubte, es sei besser, er wäre nie geboren worden.

Heute tut er einen gesegneten Dienst für den Herrn und ist als Redner in unterschiedlichen Gemeinden unterwegs, wo er die Menschen mit seiner Freude ansteckt und zur geistlichen Erneuerung aufruft. Er ist der lebendige Beweis dafür, dass uns unsere familiäre Herkunft nicht daran hindern muss, ein gesegnetes Leben zu führen und dadurch eine positive Auswirkung auf andere Menschen zu haben. Die Schlüsselfrage ist, ob wir die herrliche und unfassbare Gnade Gottes für uns persönlich in Anspruch nehmen.

Nachdem die Mutter bekannt hatte, ihn all die Jahre lang belogen zu haben, hatten ihre Klinikaufenthalte ein Ende. Auch das ist nicht weiter verwunderlich, denn sie hatte schließlich Frieden gefunden. In diesem Zusammenhang muss ich an die Aussage eines Arztes denken, die ich einmal las: „Die Hälfte meiner Patienten könnte ich getrost entlassen, wenn ich ihnen auf den Kopf zusagen könnte, dass ihnen vergeben ist."

Aus der Feder des bekannten amerikanischen Psychiaters Karl Menninger stammt ein Buch mit dem Titel *Whatever Became of Sin?* (Was ist nur aus der Sünde geworden?), in dem er zu folgendem Ergebnis kommt:

Das schlichte Wort „Sünde", das in unserem Wortschatz heute nicht mehr zu existieren scheint, war ein stolzes Wort. Ein einst starker, ernster und unheilvoller Begriff. Doch das Wort ist verschwunden. Nur äußerst selten kommt es noch vor, dieses Wort mit diesem vielschichtigen Hintergrund. Warum ist das so? Liegt es daran, dass die Menschen nicht mehr sündigen? Oder glaubt niemand mehr an die Sünde?²

Dr. Menninger sah einen unauflöslichen Zusammenhang zwischen der seelischen und der moralischen Gesundheit des Menschen. Deshalb schrieb er den mit der Erziehung beauftragten Erwachsenen – Eltern und Erziehern – eine ebenso wichtige Rolle in Bezug auf das Wohlergehen eines Menschen zu wie dem Psychiater. Natürlich kann letztendlich nur Gott unser Gewissen reinigen. Aber dazu kommen wir später.

Ich habe einen Mann vor Augen – einen vorbildlichen Christen, der eine wunderbare Frau und wohlgeratene Kinder hat. Jedes Mal, wenn er gefragt wurde, ob er sich ein Ältestenamt in seiner Gemeinde vorstellen könne, lehnte er ab. „Warum?", wurde er gefragt. „Du hast eine Leitungsbegabung und kennst dich gut in der Bibel aus."

Jahre später vertraute er sich dem Pastor der Gemeinde an: Während seines Studiums hatte er eine Affäre mit einer jungen Frau gehabt. Aus dieser Beziehung war ein Kind entstanden, das in einer anderen Stadt aufwuchs. Er wusste zwar, dass Gott ihm vergeben hatte, doch weil er diese Geschichte noch immer vor seiner Frau geheim hielt, quälte ihn seine Vergangenheit, die er weder seelisch noch geistlich bewältigen konnte. Sein Schweigen empfand er als Betrug, und er lebte darüber hinaus ständig in der Angst, sein Sohn könne irgendwann einmal vor seiner Tür stehen. Die Tatsache, dass er einen Sohn hatte, war ihm immer gegenwärtig, so sehr er sich auch bemühte, sein Schweigen vor sich selbst

2   übersetzt nach: Karl Menninger, *Whatever Became of Sin?*, Hawthorne Books, New York, 1973, S. 14

zu rechtfertigen. (In einem der folgenden Kapitel werden wir uns noch mit der Thematik der zwischenmenschlichen Versöhnung befassen.)

In der Apostelgeschichte heißt es, dass die Jünger über Gott jubelten und ihn lobten (siehe Vers 2,46). Die Hauptursache ihrer Freude war, dass sie Vergebung und Erlösung erfahren hatten. Diese Freude und Freiheit fasst der Apostel Johannes so wunderbar in Worte: „Geliebte, wenn das Herz uns nicht verurteilt, haben wir Freimütigkeit zu Gott" (1. Johannes 3,21). Ist jedoch unser Gewissen belastet, verlieren wir zwar nicht unseren Glauben, aber unsere „Freimütigkeit zu Gott".

Dieses Buch soll Ihnen zu geistlicher Freimütigkeit verhelfen, die entsteht, wenn das Gewissen mit Gott und den Mitmenschen im Reinen ist. Jemand hat einmal gesagt, dass wir unseren Zustand entweder nicht wahrhaben wollen oder uns auf dem Weg der Genesung befinden! Hoffentlich tragen die folgenden Seiten dazu bei, dass unser Nicht-wahrhaben-Wollen entlarvt wird und wir den Weg der Genesung einschlagen.

Der Ursprung des Gewissens

Lassen Sie uns einen Blick auf die Anfänge werfen. Im Garten Eden fanden Adam und Eva ein perfektes Umfeld vor: Sie waren umgeben von vollkommener Schönheit, ausreichend Nahrung und allen denkbaren Vorzügen, die man sich im Leben nur so wünschen kann.

Das Beste war jedoch die vollkommene Gemeinschaft mit Gott, der „bei der Kühle des Tages" mit ihnen durch den Garten wandelte (1. Mose 3,8). Theologen charakterisieren dieses Menschenpaar vor dem Sündenfall mit dem Wort „Unschuld". Führen wir uns die Freude vor Augen, die sie tagtäglich erlebten: Eva kannte keine Unsicherheit. Sie musste sich nicht im Stillen mit irgendwelchen Supermodels vergleichen, die ihr vom Zeitschriftenstand oder an der Supermarktkasse entgegenlächelten. Sie hatte auch keine schlaflosen Nächte, in denen sie sich mit der Frage herumquälte, ob sie wohl den richtigen Mann geheiratet hatte! Und trotz alledem entschieden sie und Adam sich für die Sünde. Lesen Sie hier die tragische Geschichte:

Und die Schlange war listiger als alle Tiere des Feldes, die Gott, der Herr, gemacht hatte; und sie sprach zu der Frau: Hat Gott wirklich gesagt: Von allen Bäumen des Gartens dürft ihr nicht essen? Da sagte die Frau zur Schlange: Von den Früchten der Bäume des Gartens essen wir; aber von den Früchten des Baumes, der in der Mitte des Gartens steht, hat Gott gesagt: Ihr sollt nicht davon essen und sollt sie nicht berühren, damit ihr nicht sterbt! Da sagte die Schlange zur Frau: Keineswegs werdet ihr sterben! Sondern Gott weiß, dass an dem Tag, da ihr davon esst, eure Augen aufgetan werden und ihr sein werdet wie Gott, erkennend Gutes und Böses. (1. Mose 3,1-5)

Die Schlange versprach Adam und Eva, dass sie selbstständig über Gut und Böse würden entscheiden können, wenn sie sich zu ihrem eigenen Gott machten. Im Grunde sagte die Schlange zu Eva: „Denk nicht, sondern fühle einfach. Ist diese Frucht nicht wunderschön?" Wir wissen, dass Adam neben ihr stand, denn als sie ihm die verbotene Frucht anbot, aß er ebenfalls davon (Vers 6). Adam beging die Sünde, dass er seine Verantwortung als Ehemann abgab. Immerhin hinderte er seine Frau nicht daran, gegen das Gebot Gottes zu verstoßen. Vielmehr beteiligte er sich an ihrem Tun.

Die unbeabsichtigten Konsequenzen ließen nicht lange auf sich warten. Adam und Eva hatten die Auswirkungen ihres Tuns nicht wirklich überblickt. Gott hatte gesagt: „Denn an dem Tag, da du davon ist, musst du sterben!" (1. Mose 2,17). Adam und Eva hatten noch keine Berührung mit dem Tod gehabt und gingen wahrscheinlich davon aus, dass sie mit den Folgen ihres Ungehorsams ganz gut fertig würden. Außerdem hätten sie sich immer gefragt, was wohl passiert wäre, wenn sie die Frucht doch gegessen hätten. So wäre aus Neugier irgendwann Reue geworden – Reue über die entgangene Erfahrung des Ungehorsams.

Die beiden Eheleute ahnten damals noch nicht im Entferntesten, dass sie den Anstoß zu einer Kettenreaktion der Sünde gegeben hatten, die bis heute andauert. Sie konnten noch nicht wissen, dass sie eines Tages einen Sohn namens Kain haben würden, der seinen Bruder Abel ermorden würde. Das Böse hatte nun Einzug gehalten in die Welt, um sich im Zick-Zack-Kurs durch die Menschheitsgeschichte zu ziehen und nichts als Zerstörung zu hinterlassen.

Nein, sie konnten die Auswirkungen ihrer Sünde nicht überblicken, und ebenso wenig können wir heute die Konsequenzen unseres eigenen sündigen Handelns vorhersehen. Wie ein Basketball, den wir in den Fluten des Ozeans zu versenken versuchen, drängt unser Lebensschutt, den wir irgendwo versteckt haben, mit Macht an anderer Stelle wieder an die Oberfläche. Die unbeabsichtigten Folgen verfolgen und quälen uns.

Die Scham hält Einzug

Bevor Adam und Eva die erste Sünde begingen, waren sie auf keine Stimme des Gewissens angewiesen, weil sie ohne Schuld waren. „Und sie waren beide nackt, der Mensch und seine Frau, und sie schämten sich nicht", heißt es in 1. Mose 2,25.

Doch als die Sünde Einzug gehalten hatte, war plötzlich alles anders. Ihr Gewissen verurteilte sie.

Und sie hörten die Stimme Gottes, des Herrn, der im Garten wandelte bei der Kühle des Tages. Da versteckten sich der Mensch und seine Frau vor dem Angesicht Gottes, des Herrn, mitten zwischen den Bäumen des Gartens. Und Gott, der Herr, rief den Menschen und sprach zu ihm: Wo bist du? Da sagte er: Ich hörte deine Stimme im Garten, und ich fürchtete mich, weil ich nackt bin, und ich versteckte mich. Und er

sprach: Wer hat dir erzählt, dass du nackt bist? Hast du etwa von dem
Baum gegessen, von dem ich dir geboten habe, du solltest nicht davon
essen? (1. Mose 3,8-11)

Wer hatte ihnen gesagt, dass sie nackt waren? Kein anderer
Mensch lauerte irgendwo im Schatten, der ihnen hätte verraten
können, dass sie gesündigt hatten. Kein Vogel hatte die Nachricht
von den Dächern gepfiffen. Ihr eigenes, zum Leben erwachtes *Ge-*
wissen machte ihnen klar, dass sie gesündigt hatten und sich schämen mussten.
Alle Menschen machen seitdem ähnliche Erfahrungen. Kinder
wachsen nun in schambesetzten Verhältnissen auf: Sie schämen
sich nicht nur für ihre eigene Sünde, sondern müssen auch unter
der Sünde und der Scham ihrer Eltern leiden.

Weil wir nur zu oft unter dieser „ererbten" Scham oder Schuld
leiden, habe ich das nächste Kapitel wie folgt überschrieben: „Sie
sind nicht an allem schuld." Armut, Alkoholismus, andere Abhängigkeiten, Zerbruch und Missbrauch – all das macht das Leben
eines Kindes schambelastet. Die Auswirkungen können verhee-
rend sein.

Adam und Evas Scham veranlasste sie, sich zu verstecken. Sie
verbargen sich sowohl vor Gott als auch voreinander. Sie versuchten, ihre Schuld durch Verdrängung zu kompensieren: Mithilfe
ihres Verstandes hielten sie sie gut unter Verschluss, indem sie
sie entweder vor sich rechtfertigten oder indem sie die Regungen
ihres Gewissens unterdrückten. Von nun an führten sie ein Leben
im Verborgenen und eines vor den Augen der Öffentlichkeit. Und
damit ihre Scham nicht offenbar wurde, hielten sie ihr verborge-
nes Leben so geheim wie möglich.

Jeder Mensch hat eine sehr private Seite, die er vor anderen
verbergen möchte. Ich erinnere mich an eine Aussage des bekannten Theologen J. Vernon McGee im Rahmen der jährlich stattfin-
denden Konferenz am Moody Bible Institute. Mit rauer Stimme
sagte er: „Würden Sie mein Herz so gut kennen, wie ich es kenne, würden Sie sich weigern, mir weiter zuzuhören." Nach einer

kurzen Pause fuhr er fort: „Bevor Sie jetzt jedoch rausrennen, lassen Sie mich noch hinzufügen: Würde ich Ihr Herz so gut kennen,
wie Sie es kennen, würde ich gar nicht erst mit Ihnen reden."

Die Sünde, die sich im geheimen Bereich unseres Lebens ver-
birgt, kann sich zu einer Abhängigkeit auswachsen oder sogar in
einer Straftat gipfeln. Folgendes Szenario hat sich so oder so ähnlich schon oft zugetragen: Im Lebensbereich A ist Herr Schmidt
ein beliebter Sonntagsschullehrer. Er genießt einen guten Ruf.
Doch im Lebensbereich B lebt Herr Schmidt zu Hause in Abhängigkeiten. Er ist Alkoholiker. Er ist süchtig. Er hat gelernt, seine
Sünde zu kaschieren und eine rechtschaffene Fassade aufrechtzuerhalten. Um jeden Preis müssen Schuld und Scham unter der
Decke gehalten werden.

Genauso verhält es sich bei Männern, die möglichst alles von
ihrer Festplatte löschen wollen, um ein sauberes Bild vor den anderen abzugeben. Denn natürlich möchten sie nicht, dass andere
sehen, auf welchen Internetseiten sie unterwegs waren. Scham
will bedeckt werden.

Worum es mir geht, ist Folgendes: Die Sünde von Adam und
Eva hat Auswirkungen auf jeden von uns. Wir alle wurden in
Sünde geboren (siehe Psalm 51,7). Einzig und allein Ehrlichkeit
vor Gott und oftmals auch vor Dritten kann unser Gewissen rein
machen. Doch dazu später mehr.

Scham führt zu Schuldzuweisungen

Als Gott Adam mit seinem Tun konfrontierte, gab dieser den
„Schwarzen Peter" unverzüglich weiter. Weil Adam sich verbarg,
fragte Gott ihn: „Wer hat dir erzählt, dass du nackt bist? Hast
du etwa von dem Baum gegessen, von dem ich dir geboten habe,
du solltest nicht davon essen?" (1. Mose 3,11). Die Antwort hatte
Adam sofort parat: „Die Frau, die du mir zur Seite gegeben hast,
sie gab mir von dem Baum, und ich aß." Die *Frau* war also schuld.

Lassen Sie mich Adams Antwort einmal etwas anders formulieren. „Also, Herr, eigentlich ist es ja *deine* Schuld. Denn diese willensschwache Frau, die *du* mir gegeben hast, hat von der Frucht gegessen und mir dann davon gegeben. Was konnte ich dagegen tun? *Sie* ist schuld." Bemerkenswert ist, dass Adam seiner Frau die Schuld zuschob, obwohl er ja definitiv nicht die falsche Frau geheiratet haben konnte!

Jetzt war Eva an der Reihe und wies die Schuld von sich. „Und Gott, der Herr, sprach zur Frau: Was hast du da getan! Und die Frau sagte: Die Schlange hat mich getäuscht, da aß ich" (1. Mose 3,13).

Jemand hat einmal gesagt: „Der Mann schob die Schuld auf die Frau, und die Frau schob sie weiter auf die Schlange – nur die Schlange hatte keinen Zeigefinger, mit dem sie auf jemanden hätte zeigen können!" Oder wie der Komiker Will Rogers einmal sagte: „Es gibt in der Geschichte Amerikas zwei bedeutende Phasen: die Ära des Schwarzen Freitags und die Ära des Schwarzen Peters, den wir weitergeben."

Die Menschheitsgeschichte pflegt sich immer wieder zu wiederholen. Sobald Schuld ans Tageslicht kommt, beginnen auch die Schuldzuweisungen. „*Er* ist schuld." – „*Sie* ist schuld." – „Die *Kinder* sind schuld." – „*Mein Chef* ist schuld." Menschen rechtfertigen sich mit allen Mitteln. Koste es, was es wolle. Wenn nötig serviert man dem Gegenüber ein paar saftige Lügen, solange es der Selbstrechtfertigung dient.

In seinem Roman *Der Fall* schreibt der berühmte säkulare Philosoph Albert Camus: „Jeder von uns beharrt um jeden Preis auf seiner Unschuld, und wenn er dafür die ganze Menschheit oder gar den Himmel auf die Anklagebank schickt."[3]

Keinen Zentimeter geben wir nach. Erscheint uns eine Lüge notwendig, dann lügen wir eben. Können wir nicht lügen, lassen wir die Wahrheit zumindest in einem anderen Licht erscheinen.

---

3   übersetzt nach: Albert Camus, *The Fall*, Vintage, New York, 1991, S. 81

Unter allen Umständen weisen wir die Schuld von uns, weil wir unser wahres Ich vor den anderen verbergen müssen – sogar vor uns selbst und ja, sogar vor Gott, wenn es denn möglich wäre. Doch das Gewissen vergisst nicht und wird keine Ruhe geben. Auch wenn wir denken, es erfolgreich zum Schweigen gebracht zu haben, meldet es sich plötzlich und unerwartet wieder zu Wort.

Keine Wiederherstellung der Unschuld

Ist die Unschuld einmal verloren gegangen, gibt es kein Zurück mehr. Adam und Eva wurden aus dem Paradies verbannt. Ebenso wenig, wie sie dorthin zurückkehren konnten, können wir heutzutage unsere Unschuld wiederherstellen. Ein Mädchen, das seine Jungfräulichkeit verloren hat, kann sie sich nicht zurückholen. Ein Mann, der seine Familie aufgegeben und seine Kinder ohne Vater hat aufwachsen lassen, kann seine egoistische Entscheidung nicht wieder rückgängig machen. Wir können nicht wie der Teenager beten: „Oh, Herr, mach doch bitte, dass der Unfall nicht passiert ist." Die Vergangenheit ist vergangen, es gibt keinen Weg zurück nach Eden.

Adams und Evas Lebensrealität änderte sich schlagartig und komplett. Sobald sie die verbotene Frucht gegessen hatten, „wurden ihrer beider Augen aufgetan, und sie erkannten, dass sie nackt waren; und sie hefteten Feigenblätter zusammen und machten sich Schurze" (1. Mose 3,7).

Was Satan ihnen gesagt hatte, stimmte teilweise sogar. Ihre Augen wurden geöffnet für ihren Zustand der Nacktheit. Deswegen bedeckten sie ihre Scham mithilfe von Feigenblättern. Seither näht sich jeder von uns seine persönlichen Feigenblätter, um sein wahres Ich zu verbergen und seine Scham zu bedecken. Niemand soll jemals meine Unzulänglichkeit entdecken. *Niemand soll mich so sehen, wie ich wirklich bin. Niemand wird jemals einen Blick auf meine Scham werfen.* So denken wir.

Manche Menschen verstehen die Feigenblätter recht wörtlich und verstecken sich hinter besonderer Kleidung. Andere wiederum legen Wert auf einen makellosen Körper. Wiederum andere tragen ihren beruflichen Erfolg vor sich her und sind bereit, für das eigene Fortkommen „über Leichen zu gehen". Ob es um Geld, Ruhm, Sex oder eine Mischung aus alledem geht – die Menschen waren schon immer bereit, ihre Familien zu opfern, Betrügereien zu begehen oder, um es auf den Punkt zu bringen, alles zu tun, was ihnen mehr Bedeutung versprach.

Hinter der scheinbaren Fassade des Erfolgs verbergen sich das tiefe Gefühl der Unzulänglichkeit, Scham und ein ruheloses Gewissen. Die Feigenblätter bedecken nicht alles komplett. Die Leere und die Fäulnis tief in uns bleiben stets präsent. Umso akribischer wird darauf geachtet, dass die Maske nicht verrutscht.

„Solange du mich anbetest, kommen wir schon klar", las ich einmal auf einem T-Shirt. Doch in Wahrheit reicht uns noch nicht einmal Anbetung aus. Nein, wir wollen außerdem auch alle Rivalen ausstechen. Es geht uns darum, eine bessere Figur zu machen als unser Nebenmann oder unsere Nebenfrau.

Für den Fall, dass die Feigenblätter nicht ausreichen, um unsere innere Verzweiflung und Schuld zu bedecken, greifen die Menschen zur Flasche, zu Drogen oder zum Sex. Und vor lauter Desillusionierung nimmt sich so mancher dann sogar das Leben.

Gottes Heilmittel für ein geschundenes Gewissen

Doch glücklicherweise enden weder die Geschichte von Adam und Eva noch unsere eigene Geschichte mit Feigenblättern. So wie Gott damals bei unseren ersten Vorfahren eingriff, greift er auch bei uns heute ein.

Gott suchte nach Adam und Eva. Bemerkenswert ist, dass sie nicht auf der Suche nach ihm waren. Sie fragten sich nicht etwa:

„Wo können wir Gott bloß finden? Los, wir gehen schnell zu ihm hin und sehen zu, wie wir die Beziehung zu ihm wieder in Ordnung bringen können."

Nein, sie versteckten sich vor Gott, und wir machen es genauso. Auch das Neue Testament bezeugt: „Da ist keiner, der Gott sucht ... da ist auch nicht einer" (Römer 3,11-12). Jetzt wenden Sie zwar vielleicht ein: „Natürlich habe ich nach Gott gesucht." Doch es war vielmehr Gott, der die Initiative ergriff und nach Ihnen suchte, bis er Sie gefunden hatte. In Johannes 15,16 sagt Jesus: „Ihr habt nicht mich erwählt, sondern ich habe euch erwählt."

Gott kam in den Garten und brachte Kleidung mit, sodass Adam und Eva nicht mehr von Schuld und Scham geplagt wurden. „Und Gott, der Herr, machte Adam und seiner Frau Leibröcke aus Fell und bekleidete sie" (1. Mose 3,21). Woher hatte Gott diese Kleidungsstücke aus Tierhaut? Offensichtlich hatte er dafür einige Tiere töten müssen, die er erschaffen hatte. Eines machte Gott dadurch schon ganz zu Anfang deutlich: *Die Kosten für das Zudecken von Schuld sind hoch.*

Unsere Feigenblätter sorgen vielleicht dafür, dass wir vor anderen Menschen ganz passabel dastehen, aber vor Gott bieten sie uns keinen Schutz. Doch wenn Gott selbst uns kleidet, können wir mit einem befreiten Gewissen leben, das uns nicht mehr anklagt. Das vergossene Blut der Tiere, deren Felle Adam und Eva als Kleidung dienten, weist auf das ein für alle Mal erbrachte Opfer Jesu Christi hin, der sein Blut für uns vergoss. Das ist die Antwort Gottes auf unsere Sünde – und sie ist denkbar kostspielig. Unsere Sünde kann zugedeckt werden, aber nicht von uns selbst.

Adam und Eva durften bereits erfahren, dass die Folgen der Sünde grausam sind, unsere Schuld jedoch nicht das letzte Wort hat. Als ich noch ein kleiner Junge war, verschütteten wir einmal Öl auf dem Garagenboden, was einen hässlichen, nicht zu entfernenden Fleck auf dem Beton hinterließ. Damit wir den Fleck nicht mehr sehen mussten, deckten wir einfach eine Plane darüber. Was uns betraf, hatte es dieses Missgeschick und diesen Fleck nie gegeben.

Mit dem ersten Blutopfer für Sünde in 1. Mose 3 beginnt Gott sein Werk am menschlichen Herzen mit solch tiefgreifender Wirkung, dass wir nicht nur juristisch freigesprochen, sondern dass unsere Herzen tatsächlich auch reingewaschen werden können. Die Sünde wird nicht nur zugedeckt, nein, viel besser noch: Sie wird tatsächlich weggenommen.

Und das schlägt den Bogen zum Titel dieses Buches: *Gott kann uns den Ballast unserer Vergangenheit abnehmen und unser Gewissen reinigen.* Er ermöglicht es uns nicht nur, Vergebung zu empfangen, sondern wir können mit reinen Gewissen in seine Gegenwart treten.

Die Anklagen haben ein Ende. Wir können nachts wieder ruhig schlafen, wenn wir mit Gott und – soweit möglich – mit unseren Mitmenschen im Reinen sind. Gottes Gnade genügt, um es mit den Sünden unserer Vergangenheit aufzunehmen.

Die bleibenden Folgen

Ja, Adams und Evas Sünden waren vergeben. Sie waren wieder im Reinen mit Gott, und doch war nichts so wie zuvor. In ihrem neuen Outfit mag sich vielleicht folgender Streit entsponnen haben:

„Du hast angefangen", sagt Adam.

„Ja, aber du hast ja direkt neben mir gestanden."

„Okay, vielleicht hab ich daneben gestanden, aber wer hat denn als Erste reingebissen? Wer bringt das denn jetzt wieder in Ordnung?"

„Hör auf, nur mich zu beschuldigen, sondern fass dir mal an die eigene Nase, Adam. Hat Gott nicht gesagt, dass du das Oberhaupt der Familie sein sollst? Dich wird er dafür zur Rechenschaft ziehen. Du hast neben mir gestanden. Warum hast du nichts gesagt?"

Eva hat recht. Tatsächlich zieht Gott Adam zur Rechenschaft. Doch auch sie kann sich dadurch nicht aus der Verantwortung stehlen. Viel zu groß ist die Schuld, die im Raum steht. Wir können uns lebhaft vorstellen, dass der Streit neu entbrannte, als Kain, ihr Problemkind, seinen jüngeren Bruder umbrachte.

In dem Moment, als das Böse Raum gewann, begann auch der rasch fortschreitende Verfall der Menschheitsgeschichte. Auch Sie und ich sind deshalb gefangen in einem Strudel aus sündigen Bedürfnissen und Versuchungen von außen. Wir sind mit einer sündigen Natur zur Welt gekommen und stehen von Beginn an unter dem Urteil göttlicher Verdammnis. Wir quälen uns mit Schuldgefühlen für das, was wir getan, und für das, was wir nicht getan haben.

Es war Gottes Gnade, die Adam und Eva die Rückkehr nach Eden verwehrte. Denn wären sie zurückgekehrt und hätten auch noch die Frucht vom Baum des Lebens gegessen, wären sie zu einem ewigen Leben als Sünder verdammt gewesen.

Gott hatte einen weitaus besseren Plan.

Jesus kam auf die Erde, um uns vollkommen und umfassend zu erlösen – an Körper, Seele und Geist. Die Sünde sollte zwar noch viele Schlachten gewinnen, doch den Krieg hatte sie verloren. Dem Opfer Jesu verdanken wir die Möglichkeit, schon in diesem Leben Vergebung zu erhalten, die bis in die Ewigkeit reicht. Wenn wir sterben, wird unser Geist bei Gott sein, und später wird auch unser Leib auferstehen. Ein unvorstellbar herrlicher Platz im Himmel wird für diejenigen vorbereitet, die sich Gottes Erlöser anvertrauen.

Unser Problem ist nicht die Schwere unserer Schuld, selbst wenn wir davon überzeugt sind, der schlimmste Sünder von allen zu sein. „Wo aber die Sünde zugenommen hat, ist die Gnade überreich geworden" (Römer 5,20). Gnade ist bahnbrechend. Angesichts der überreichen Gnade Gottes verliert die Sünde ihre Macht.

Kürzlich las ich ein beeindruckendes Buch über den amerikanischen Militärgeistlichen Henry Gerecke. Als evangelischer Pastor diente er während des Zweiten Weltkrieges in der US Army. Weil er Deutsch sprach, wurde er als Gefängnisseelsorger für die

Angeklagten der Nürnberger Prozesse eingesetzt – ehemalige Nazigrößen, die für die grausamen Kriegsverbrechen verantwortlich waren. Unbegreiflicherweise kamen mindestens fünf dieser Männer, von denen die meisten zum Tod durch den Strang verurteilt wurden, durch das Glaubenszeugnis dieses Pastors Henry Gerecke zum lebendigen Glauben an Jesus Christus.[4]

Gnade ist unfair! Dieser Satz schoss mir durch den Kopf, als ich die Geschichten über die Rettung dieser Menschen las. Doch der lange Arm der Gnade streckt sich nach Menschen aus, die es ganz sicher nicht verdient haben. Er greift nach denen, auf die die Hölle wartet. Er streckt sich nach jedem von uns aus!

„Glücklich der, dem Übertretung vergeben, dem Sünde zugedeckt ist! Glücklich der Mensch, dem der Herr die Schuld nicht zurechnet und in dessen Geist kein Trug ist" (Psalm 32,1-2).

Ihr Gewissen kann auf ganz legale Weile zur Ruhe kommen. Wenn der Ankläger Sie plagt, fliehen Sie zu Gott, statt sich von ihm zurückzuziehen. Lassen Sie sich von Gott finden.

Ihre Vergangenheit hat nicht das letzte Wort.

Eine Bibelstelle zum Nachdenken:

Glücklich der, dem Übertretung vergeben,
dem Sünde zugedeckt ist!
Glücklich der Mensch, dem der Herr
die Schuld nicht zurechnet
und in dessen Geist kein Trug ist.
(Psalm 32,1-2)

---

4   Siehe Tim Townsend, *Letzte Begegnungen unter dem Galgen; Ein amerikanischer Militärgeistlicher erlebt die Nürnberger Prozesse*, SCM Hänssler, 1. Auflage 2016. Diese faszinierende Geschichte über Pastor Gerecke sollte jeder lesen, der bezweifelt, dass Gott selbst die schlimmsten Verbrecher retten kann.

Weiterführende Fragen zur Vertiefung:

◊ Warum ließ Gott zu, dass Adam und Eva sündigten? Haben Sie schon einmal Entscheidungen getroffen, die unvorhergesehene Konsequenzen hatten? Konnten Sie sich trotz dieser Folgen über Gottes Vergebung freuen?

◊ Welche Feigenblätter benutzen Sie, um Ihre Schuld und Ihre Scham zu bedecken?

Nehmen Sie sich Zeit, Gott dafür zu danken, dass er Ihre Sünde dauerhaft zudeckt.

2

SIE SIND NICHT AN ALLEM SCHULD!

*Jeglicher Friede – innerlich und äußerlich – beruht auf folgender
vertikal ausgerichteter Erfahrung: Habe ich Frieden mit Gott?
Bin ich mit Gott im Reinen und kann ihm freimütig begegnen?
Sind wir Freunde?*[5]
John Piper

Stellen wir uns einmal vor, wir sitzen zusammen am Tisch und
trinken eine Tasse Kaffee (oder mögen Sie lieber Tee?). Und nehmen wir weiterhin an, Sie haben etwas getan, für das Sie sich
schuldig fühlen und sich schämen. Gleichzeitig erzählen Sie
mir aber von Missbrauchserlebnissen aus Ihrer Kindheit. Ganz
offensichtlich haben Sie durch das Fehlverhalten Ihrer Eltern
schwere Schäden davongetragen, und die Folgen werden immer
deutlicher.

---

5   übersetzt nach: John Piper, „The Key to Experiencing Christmas Peace in Your
    Life Today", http://www. desiringgod.org/interviews/the-deys-to-experiencing-
    christmas-peace-in-your-life-today, December 25th, 2015

Ich wünsche mir für Sie, dass Sie Folgendes verinnerlichen: „Das Endziel der Weisung aber ist Liebe aus reinem Herzen und gutem Gewissen und ungeheucheltem Glauben (1. Timotheus 1,5). Es geht ganz einfach darum, dass ein reines Herz Voraussetzung ist für ein gutes Gewissen. Und ohne gutes Gewissen und reines Herz können Sie weder Liebe empfangen noch Liebe geben. Diese drei Dinge – Liebe, Glaube und ein gutes Gewissen – sind untrennbar miteinander verbunden.

Nehmen wir einmal an, Sie sind mit einem alkoholkranken und übergriffigen Vater groß geworden, und die Gleichgültigkeit und Passivität Ihrer Mutter, die das Verhalten des Vaters deckte, erleichterte ihm das Lügen, die Ausreden und den Missbrauch. Vielleicht war Ihre Situation ja auch ganz anders, doch das Grundproblem ist immer dasselbe: Sie wuchsen in einem familiären Umfeld auf, in dem es ungute Familiengeheimnisse gab, in dem niemand über seinen Schmerz, seine Ängste und die Missbrauchserlebnisse sprechen durfte – egal, welches Ausmaß sie annahmen. Die Scham wurde oberflächlich kaschiert.

Dieses Kapitel zielt darauf ab, dass es Ihnen gelingt, Ihren emotionalen Ballast, Ihre Schuld, Scham und Wut abzulegen. Oder zumindest Ihre Reise mit leichterem Gepäck fortzusetzen und Schritte in Richtung eines reinen Gewissens zu gehen, ohne dass Ihre Vergangenheit einem erfüllenden Leben permanent im Wege steht.

Manche Seelsorger unterscheiden zwischen Schuld und Scham, doch ich möchte diese Worte bewusst synonym verwenden. Ich halte Scham für eine Unterkategorie von Schuld. Wir könnten auch von einer schuldbedingten Last Ihrer Vergangenheit sprechen, wie auch immer man das dann definieren mag.

„Ererbte" Schuld

Ein kleiner Lichtblick: *Sie sind nicht an allem schuld!* Manche Schuld, die wir mit uns herumtragen, haben wir vielleicht mitverursacht, aber nicht alleine und ausschließlich. Kinder werden häufig von „ererbter" Schuld oder Scham niedergedrückt, die ihnen beispielsweise von ihren Eltern weitergegeben wurde. Eine Generation überträgt ihre Last auf die nächste, und so entsteht ein nicht enden wollender Kreislauf.

Ich möchte nun einige Beispiele nennen.

Misshandlung durch die Eltern

Kehren wir noch einmal zu den überstrengen, gefühllosen Eltern zurück, die ihre Kinder abwerten. In einem Supermarkt bekam ich einmal mit, wie eine Mutter an ihrem Kind zerrte und es anschrie: „Warum bist du so bescheuert? Siehst du nicht, wie du dich benimmst?" Wenn sie schon in der Öffentlichkeit so mit dem Kind umgeht, möchte ich mir nicht vorstellen, wie sie das Kind zu Hause behandelt. Aus familiärem Zerbruch entsteht Wut, unkontrollierte Wut führt zu Misshandlung – und auf Misshandlung folgt Scham.

Die ganze Welt war entrüstet, als bekannt wurde, dass ein namhafter Footballspieler seine Freundin in einem Aufzug bewusstlos geschlagen hatte. Dieser in der Tat unentschuldbare Akt der Gewalt war von Überwachungskameras aufgezeichnet worden. Gäbe es versteckte Kameras in unseren Häusern, würden sie, so fürchte ich, offenbaren, dass sich hinter fast jeder geschlossenen Tür und oftmals auch in christlichen Familien Szenen von Misshandlung abspielen. Was besagter Footballspieler tat, ist leider nicht unüblich.

Als meine Frau Rebecca und ich eines Morgens in die Innenstadt von Chicago fuhren, sagte ich zu ihr: „Ich frage mich, wie viele Fälle von Misshandlung diese Stadt vergangene Nacht oder in den Morgenstunden gesehen hat." Misshandlung ist allgegenwärtig, und sollten Sie zu den Opfern gehören, haben Sie zweifellos mit ererbter, niederdrückender Scham und Schuld zu kämpfen, die damit zwangsläufig einhergehen und ihnen pausenlos einflüstern: „Du bist wertlos." Oder vielleicht sogar: „All deine schrecklichen Erlebnisse sind deine eigene Schuld."

Misshandlung ist die Ursache einer regelrechten Scham-Epidemie, die in unserer Gesellschaft grassiert.

Eltern, die Abhängigkeiten verursachen

Ich möchte die Bedeutung eines schädlichen Elternhauses nicht überbetonen, dennoch müssen wir uns hier unbedingt mit Eltern befassen, die ihre Kinder in bestimmte Abhängigkeiten treiben. Solche Eltern sind nämlich manipulativ und zwingen ihre Kinder oftmals dazu, das elterliche Fehlverhalten durch Lügen zu vertuschen und so dieses ungute Familiengeheimnis zu decken. Und Eltern, die kindliche Abhängigkeiten erzeugen, missbrauchen ihre Kinder für ihre eigenen Zwecke. Auch wenn sie älter sind, sollen sie immer noch durch Schuldzuweisungen oder Ausreden die Verantwortung für das den Eltern widerfahrene „Pech" übernehmen oder weitergeben.

Eine Frau war mit einer kontrollsüchtigen Mutter aufgewachsen, die ihr ständig ein schlechtes Gewissen eingeredet hatte. Diese Frau sagte einmal: „Gäbe es eine Industrie für Schuldzuweisungen, wäre meine Mutter Marktführer." Die Sätze dieser Mutter hat man automatisch schon im Ohr: „Wofür haben wir all die Jahre für dich gesorgt? Bist du uns nicht ein wenig Gegenliebe schuldig und solltest uns unsere Enkelkinder genießen lassen? Und übrigens: Ich bin ziemlich knapp bei Kasse."

Die Schuld dieser Frau reichte außer für sich selbst noch für alle anderen, die sie kontrollieren wollte. Ihre Tochter musste lernen, sich abzugrenzen, statt sich länger wie ein Hündchen für die Erfüllungen der emotionalen und finanziellen Bedürfnisse ihrer Mutter einspannen zu lassen.

Ja, Grenzen zu ziehen ist notwendig. Ein Mann sagte mir einmal: „Immer wenn meine Schwiegermutter zu Besuch kommt, gefährdet sie unsere familiären Beziehungen. Ständig versucht sie, einen Keil zwischen meine Frau und mich zu treiben, und kritisiert uns sogar in Gegenwart unserer Kinder." Mein Rat lautete: „Reagieren Sie wertschätzend, aber bestimmt. Es ist Ihre

Verantwortung, sich schützend sowohl vor Ihre Frau als auch vor Ihre Kinder zu stellen."

Sicherlich müssen wir uns unseren eigenen Herausforderungen stellen. Aber die Bürde aus ererbter Schuld und Scham, die uns unsensible, dominante und ich-zentrierte Eltern oder Großeltern auferlegen, müssen wir nicht auch noch auf uns nehmen.

Schuldlose Fehler

Falsch verstandene Schuld kann viele Gesichter haben. Manchmal fühlen wir uns aufgrund eines schuldlos begangenen Fehlers schuldig. Ein falsches Schuldgefühl beruht lediglich auf subjektiv empfundener Schuld; wir erlegen uns Scham für etwas auf, das wir gar nicht zu verantworten haben. Ein objektives Schuldgefühl dagegen beruht auf tatsächlich vorhandener Schuld wegen etwas, das wir wirklich getan haben. Falsche Schuld ist oftmals schwer zu identifizieren und einzugestehen.

Meine Eltern hatten eine Bekannte, die ihren Mann zu einem Konzertbesuch überredet hatte. Widerwillig kam er schließlich mit. Auf dem Weg wurden sie in einen Verkehrsunfall verwickelt, bei dem der Mann ums Leben kam. Dreizehn Jahre lang besuchte die Frau regelmäßig sein Grab und überhäufte sich selbst mit Vorwürfen und Schuldzuweisungen, weil sie ihren Mann zu diesem Konzertbesuch überredet hatte.

Ich wünschte, ich hätte der Frau zusprechen können: „Gott möchte nicht, dass Sie sich die Schuld für etwas zuschreiben, das Sie mit den besten Absichten getan haben." Jeder von uns hat schon mal ein Familienmitglied zu irgendeiner Unternehmung überredet, und jeden von uns hätte eine solche Tragödie heimsuchen können.

Oder mir fällt die Mutter ein, die auf die Frage der kleinen Tochter „Mami, kann ich jetzt über die Straße gehen?" mit „Ja" antwortete, weil sie kein Fahrzeug kommen sah. Die Tochter schoss auf die Straße und wurde von einem Auto erfasst.

Kein Elternteil kommt jemals über ein solches Unglück hinweg. Doch wir können sicher sein, dass Gott uns einen solch tragischen Fehler niemals zur Last legt. Irgendwann kommen wir an den Punkt, an dem wir akzeptieren müssen, was passiert ist, und uns entscheiden müssen, so gut es geht weiterzuleben. Ganz so wie Elisabeth Elliot einmal in fortgeschrittenem Alter sagte: „Loslassen ist der Schlüssel zum Frieden."

Gott möchte, dass wir ein reines Gewissen haben, und er wartet nur darauf, uns von Schuld, Scham und Reue zu entlasten wegen der Dinge, an denen wir gar nicht schuld sind. Er hat Verständnis. Er weiß alles. Und er kümmert sich um uns.

Scham infolge sexuellen Missbrauchs

Lassen Sie mich nun zu einem Bereich kommen, der wohl die größte Wucht unverdienter Scham verursacht – die Scham, die die Opfer sexuellen Missbrauchs quält. Illustrieren möchte ich meine Ausführungen anhand einer äußerst tragischen Geschichte, die uns in 2. Samuel 13,1-22 berichtet wird und in der es um König Davids Tochter Tamar, ihren Halbbruder Amnon und ihren Bruder Absalom geht.

David hatte mehrere Frauen, sodass es innerhalb seiner nicht sehr intakten Familie ein äußerst kompliziertes Beziehungsgeflecht gab. Tamar war ein sehr schönes Mädchen, und ihr Halbbruder Amnon begehrte sie so sehr, dass er sich förmlich nach ihr verzehrte. Die Bibel sagt wörtlich: „Und es war dem Amnon wehe wegen seiner Schwester Tamar, bis dass er sich krank fühlte. Denn sie war eine Jungfrau, und es war in den Augen Amnons unmöglich, ihr irgendetwas anzutun" (2. Samuel 13,2).

Die abscheuliche Tat
Doch Amnon hatte einen Freund namens Jonadab, der sehr „klug" war (Vers 3). Jonadab beobachtete, dass Amnon Tag für Tag trübsinnig herumschlich, und fragte ihn schließlich nach dem Grund. Amnon gestand ihm seine Leidenschaft für Tamar, und Jonadab

heckte einen Plan aus, der ungefähr so aussah: „Warum gibst du nicht vor, krank zu sein, und bittest deinen Vater, König David, Tamar anzuweisen, dich mit Essen zu versorgen? Dann seid ihr allein im Schlafzimmer, und du kannst mit ihr machen, was du willst" (siehe Vers 5). Damit meinte Jonadab im Grunde: „Dann kannst du sie überwältigen und sexuell missbrauchen."

In Amnons Ohren klang der Plan schlüssig. Als er Krankheit vortäuschte, kam sein Vater David zu Besuch. Amnon äußerte seine hinterhältige Bitte (Vers 6). David willigte ein und war so unbesonnen und gedankenlos, Tamar zu befehlen: „Geh doch ins Haus deines Bruders Amnon und bereite ihm Krankenkost" (Vers 7).

Tamar gehorchte ihrem Vater, und als sie mit Amnon allein war, sagte dieser zu ihr: „Komm, liege bei mir, meine Schwester!" (Vers 11). Sie antwortete: „Nicht doch, mein Bruder! Tu mir keine Gewalt an, denn so handelt man nicht in Israel! Tu doch diese Schandtat nicht!" (Vers 12). Doch Tamars Bitte stieß bei Amnon auf taube Ohren, und er verging sich an ihr.

Überwältigende Scham

Einer der tragischen Umstände rund um das Phänomen sexueller Ausbeutung ist die Tatsache, dass die Hilfeschreie der Opfer bei den Tätern auf taube Ohren stoßen. Tamars ängstliches Fragen „Wohin sollte ich meine Schmach tragen?" (Vers 13) bricht einem schier das Herz. Ja, wohin sollte sie mit ihrer Schmach gehen? Wie sollte sie diese schwere emotionale Last tragen – das Stigma einer geschändeten Frau?

Amnon vergewaltigte seine Halbschwester, ohne dabei an sie zu denken. Und es kam noch schlimmer. Nach seinem Verbrechen „hasste Amnon sie mit sehr großem Hass. Ja, der Hass, mit dem er sie hasste, war größer als die Liebe, mit der er sie geliebt hatte" (Vers 15). Hass und Lust gehen bei sexuellem Missbrauch oftmals Hand in Hand.

Tamar wurde aus dem Zimmer gejagt, und die Tür fiel hinter ihr ins Schloss. Erst war ihr Gewalt angetan worden, und nun wurde sie auch noch aufs Äußerste erniedrigt. Ihrer Verzweiflung verlieh sie auf die damals übliche Weise Ausdruck, indem sie sich Asche aufs Haupt schüttete, ihren „bunten Leibrock" zerriss, den sie als Zeichen ihrer Jungfräulichkeit trug, und schreiend davonlief (Vers 19).

Dass die Folgen des Verbrechens von nun an ihr Leben ganz wesentlich prägen sollten, war vielleicht sogar das Grausamste an dieser Geschichte. In Vers 20 erfahren wir, dass Tamar „einsam im Haus ihres Bruders Absalom" lebte. Die Scham zerstörte dieses unschuldige Mädchen – nicht wegen eines von ihr begangenen Fehlers, sondern wegen des Unrechts, das ihr von jemand anderem angetan worden war. Sie war von einem durchtriebenen, selbstsüchtigen Mann geschändet worden. Nun lag ihr Leben durch Hass und Scham in Trümmern.

Und was tat ihr Vater David, als er von diesem Unrecht erfuhr? Die Antwort lautet: *nichts.* „Als der König David alle diese Dinge hörte, wurde er sehr zornig" (Vers 21). Doch warum stand er nicht auf, um Tamar zu schützen und Amnon zur Rechenschaft zu ziehen? Er wurde zornig, schön und gut, aber er unternahm nichts und stellte sich damit in die Reihe anderer passiver Väter.

Den Grund dafür kann ich mir gut vorstellen. Nur zwei Kapitel zuvor, in 2. Samuel 11, lesen wir von Davids Ehebruch mit Batseba und dem Mord an deren Ehemann Uria, den David anschließend beging, um seine erste Sünde zu verdecken. Dadurch hatte David natürlich die moralische Autorität in seiner Familie eingebüßt und wurde zu einem passiven Vater, der sich zwar über das Verhalten seiner Kinder aufregte, jedoch keinen nennenswerten Einfluss auf ihr Leben hatte. Ein passiver Vater schleppt seine eigene Bürde aus Schuld und Scham mit sich herum und weiß nicht, wie er den Fehlentwicklungen in seiner Familie entgegentreten soll. Statt sich um sein eigenes Päckchen zu kümmern, um die Autorität innerhalb der Familie wiederzuerlangen, schaut er einfach weg.

Die Welt ist voll von jungen Frauen und Männern, die wie Tamar Opfer von Missbrauch geworden sind und das Stigma der Gewalt an sich tragen.

Die Folgen von Schuld und Scham

Diejenigen, die Scham wegen des ihnen angetanen Unrechts „geerbt" haben, entwickeln leicht unterschiedlichste Formen destruktiven Verhaltens. Welche Wege gehen Gewaltopfer oftmals, um mit ihren inneren Konflikten fertigzuwerden?

Die Zerstörung des Selbstwertes

Leider ist es häufig so, dass Missbrauchsopfer Täter heiraten, von denen sie wiederum missbraucht werden. Missbrauch erzeugt eine Art Abhängigkeit, weil das Opfer glaubt, dass sie oder er es verdient, missbraucht zu werden. Statt den Schuldigen zu identifizieren, wird vielen missbrauchten Kinder das Gefühl vermittelt, schmutzig und wertlos zu sein, sodass sie irgendwann glauben, nichts Besseres als Missbrauch *verdient* zu haben.

Man darf nicht vergessen, dass Missbrauchstäter Meister der Manipulation sind. Ihre Botschaften lauten in etwa so: „Wenn du nicht so eine schreckliche Ehefrau wärst, müsste ich dich nicht immer schlagen!" Oder: „Wenn du irgendjemandem davon erzählst, was ich getan habe, werde ich unsere Familie zerstören und dafür sorgen, dass man dir dafür die Schuld gibt."

Man muss Kindern nur oft genug drohen, dann nehmen sie die Warnungen und Anschuldigungen für bare Münze. Auf skurrile Weise werden sie abhängig vom eigenen Versagen und von Missbrauchserlebnissen. Sie erwarten nichts anderes, als dass sie im Leben scheitern, und entwickeln ein Verhalten, das man als „erlernte Hilflosigkeit" bezeichnen könnte. Selbst wenn diese Opfer irgendwann die Gelegenheit haben, das Missbrauchsumfeld zu verlassen oder zu verändern, entscheiden sie sich oftmals dagegen.

An diesem Punkt können intakte Familien einschreiten und solchen Kindern Hoffnung vermitteln und versichern, dass ihre Zukunft nicht so aussehen muss wie ihre Vergangenheit. Die Opfer brauchen Wertschätzung. Sie müssen erfahren, dass sie wertvoll sind und dass Gott sie in seiner Familie willkommen heißt.

Zwangsverhalten

Eine andere ungesunde Art, mit unverdienten Schuld- und Scham-gefühlen umzugehen, ist die Entwicklung von Zwangsstörungen. Manche Menschen waschen sich zum Beispiel übertrieben oft die Hände oder nehmen mehrmals täglich ein Bad, weil ihnen das kurz-fristig das Gefühl vermittelt, nicht mehr so schmutzig oder unfähig zu sein. Wiederum andere – oftmals Kinder oder Teenager – ver-letzen sich selbst, weil sie sich wertlos fühlen und meinen, Leiden verdient zu haben. Sie fühlen sich schon für die Tatsache schuldig, dass sie am Leben sind. Genau wie Tamar wurden sie in ihrer Fa-milie oder einer Beziehung erniedrigt und herablassend behandelt. Um sich für einen kleinen Moment besser zu fühlen, ritzen sie sich die Haut auf in dem Glauben, ihr Blut könnte „die Rechnung beglei-chen", ihr aufgewühltes Gewissen beruhigen und das Gefühl der Wertlosigkeit lindern.

Perfektionisten haben Angst davor, entlarvt und als „nicht gut genug" eingestuft zu werden. Sie fürchten die Bloßstellung. Des-halb verlangen sie sich selbst und ihrem Umfeld absolute Perfek-tion ab. Sie entwickeln einen unterschwelligen Groll gegen sich selbst, weil sie hinter ihren eigenen Erwartungen zurückbleiben. Auch andere ziehen sich ihren Zorn zu, weil sie deren unerreich-bare Maßstäbe naturgemäß nicht erfüllen. Daher sind Perfek-tionisten mit sich selbst und der Welt unzufrieden, treiben ihr Perfektionsstreben aber weiter voran, begleitet von einem nicht enden wollenden Wechselspiel aus enttäuschten Erwartungen und Selbsthass. Die Angst, beschämt zu werden, ist so stark, dass sie alles tun, um ihr Leben vor den Augen anderer verborgen zu halten und sich hinter einer Mauer aus Arbeit, Welt, Sex, Alkohol oder Drogen zu verschanzen.

Von Verfolgungswahn extremer Ausprägung haben wir schon häufiger gehört. Doch es gibt auch versteckte Formen von Paranoia, die sich oftmals in unseren Beziehungen zeigen. Ein paranoider Mensch sagt sich: „Ich rechne damit, betrogen zu werden, und wenn du mich kritisierst, sehe ich dich als meinen Feind an, der mich hintergehen will. Du steckst mit all denen da draußen, die mich zerstören wollen, unter einer Decke."

Solche Reaktionen sind Folge eines sehr starken Gefühls der Unzulänglichkeit und Verunsicherung. Ein Mensch, der so denkt, fürchtet, bloßgestellt und beschämt zu werden. Verfolgungswahn ist eine Art von Verdrängung. Betroffene Menschen schaffen sich eine eigene Welt, in der sie selbst die Helden sind und alle anderen ihre Feinde. Sorgfältig werden Verteidigungsmechanismen ersonnen, um das Umfeld in Schach zu halten und zu verhindern, dass das wahre Ich hinter der Maske enttarnt wird.

Menschen mit Kontrollzwang haben oftmals mit Gefühlen der Scham und Unzulänglichkeit zu kämpfen. Gelingt es ihnen, die Kontrolle über ihre Umgebung und ihre Mitmenschen zu behalten, werden sie nie wieder Scham oder Schuld empfinden – glauben sie. Frustriert müssen sie jedoch erleben, dass sich andere Menschen nicht gerne kontrollieren lassen. Darüber hinaus schweigt auch ihr eigenes Gewissen nicht, sodass ihre eigene Unzulänglichkeit sie immer wieder einholt, obwohl sie ständig darum bemüht sind, das Fehlverhalten der anderen zu enttarnen.

Bei Gott ist Rettung

Genug der Analyse. Lassen Sie uns nun Gott in unsere Betrachtungen miteinbeziehen, damit der uns die Hoffnung gibt, nach der wir suchen. Hier sind drei ermutigende Aspekte, die wir niemals vergessen sollten.

Schönheit statt Scham

Wenden wir uns noch einmal Tamar zu. Als Zeichen ihrer Schmach und Trauer bedeckte sie ihr Haupt mit Asche. Seinem Volk Israel versprach Gott jedoch, es wiederherzustellen; ein Versprechen, das wir, davon bin ich überzeugt, auch auf uns anwenden können.

Gott verheißt Schönheit statt Asche: „... zu trösten alle Trauernden, den Trauernden Zions Frieden, ihnen Kopfschmuck statt Asche zu geben, Freudenöl statt Trauer, ein Ruhmesgewand statt eines verzagten Geistes, damit sie Terebinthen der Gerechtigkeit genannt werden, eine Pflanzung des Herrn, dass er sich durch sie verherrlicht" (Jesaja 61,2-3).

Der hebräische Text lehrt, dass die Asche mit ihrer erniedrigenden Symbolik durch einen schönen Kopfschmuck ersetzt werden kann. Scham und Klagen können verschwinden. Das Opfer muss das „ererbte" Stigma nicht länger mit sich herumtragen.

Gott möchte auch Ihre Scham fortnehmen und durch die Schönheit seiner Liebe und Vergebung ersetzen. Jesaja schreibt weiter: „Ihr aber, ihr werdet Priester des Herrn genannt werden, Diener unseres Gottes wird man zu euch sagen. ... Weil ihre Schande doppelt war und sie Schmach besaßen als ihr Erbteil, darum werden sie in ihrem Land das Doppelte besitzen; ewige Freude wird ihnen zuteil" (Jesaja 61,6-7).

Und schließlich heißt es dann in Vers 10: „Freuen, ja, freuen will ich mich in dem Herrn! Jubeln soll meine Seele in meinem Gott! Denn er hat mich bekleidet mit Kleidern des Heils."

Für uns geht es nicht um Landbesitz, sondern darum, dass Gott unsere Scham fortnehmen möchte und uns Würde und die Gewissheit verleiht, dass wir von ihm angenommen sind. Er, und nicht unsere Eltern oder wir selbst, bestimmt, wer wir sind.

Gnade statt Schuld

Gott weiß, was wir brauchen. Er kennt unsere Scham, die wir als Folge unserer Sünden mit uns herumschleppen. Und er weiß auch von unserer subjektiv empfundenen Scham, die uns in unserer Vergangenheit auferlegt wurde.

Gott ist größer als jede Schuld und jede Scham. In seiner Gnade und Güte kann er unsere Bedürfnisse stillen und uns zu einem „guten Gewissen und einem festen Glauben" verhelfen.

Im Neuen Testament finden wir noch klarere Hinweise auf Gottes Heilmittel für unsere Scham – auf das Kreuz Christi.

Deshalb lasst nun auch uns, da wir eine so große Wolke von Zeugen um uns haben, jede Bürde und die uns so leicht umstrickende Sünde ablegen und mit Ausdauer laufen den vor uns liegenden Wettlauf, indem wir hinschauen auf Jesus, den Anfänger und Vollender des Glaubens, der um der vor ihm liegenden Freude willen die Schande nicht achtete und das Kreuz erduldete und sich gesetzt hat zur Rechten des Thrones Gottes. (Hebräer 12,1-2, Hervorhebung durch den Autor)

Damit will der Schreiber Folgendes sagen: Als Jesus am Kreuz starb, ertrug er auch die Schande und Schmach, die diese so erniedrigende Todesart mit sich brachte. Dort am Kreuz zu hängen war etwas unvorstellbar Beschämendes. Dabei wusste er, dass er um unserer Sünden willen verflucht war, denn „verflucht ist jeder, der am Holz hängt" (Galater 3,13, siehe auch 5. Mose 21,23).

Das Kreuz Christi lenkt unseren Blick also darauf, dass es Hoffnung gibt.

Angenommensein statt Schande

Als Jesus unsere Schuld ans Kreuz trug, trug er auch unsere Schande dorthin. Er erwarb uns eine bis in die Tiefen unserer Seele wirkende Erlösung, die uns in jeder Hinsicht frei machen kann. Die schwere emotionale Bürde unseres Herzens dürfen wir auf seine Schultern legen.

Ich unterhielt mich einmal mit einer Frau, die mir berichtete, dass sie, besonders in ihrer Gemeinde, stets diese schwere Bürde ihrer Schande empfand und sich deswegen unmöglich als wertvollen Menschen sehen konnte – und schon gar nicht als Tochter Gottes. Doch als Gott begann, ihre Schande Stück für Stück fortzunehmen, entdeckte sie, dass sie plötzlich erhobenen Hauptes und freimütig auf andere zugehen konnte, wozu ich sie auch immer wieder ermutigte. In ihrem Leben hatte die Schande nicht das letzte Wort.

Der Autor Rodney Clapp schrieb Folgendes über die Passage aus Hebräer 12,1-2 und insbesondere darüber, dass Jesus unsere Schande getragen hat:

> *Kann die Schande uns binden? Jesus wurde gebunden.*
>
> *Zerstört die Schande unseren Ruf? Er wurde um unseretwillen von Menschen verachtet und verworfen.*
>
> *Zwingt Schande uns zum Schweigen? Er wurde wie ein Lamm zur Schlachtbank geführt, und wie ein Schaf vor seinem Scherer verstummt, tat er auch seinen Mund nicht auf.*
>
> *Entblößt die Schande unsere offensichtlichen Schwächen? „Anderen hat er geholfen", spottete die Menge. „Aber sich selbst kann er nicht helfen."*
>
> *Macht Schande einsam und verlassen? Denken Sie an die Worte Jesu am Kreuz. Er rief: „Mein Gott, mein Gott, warum hast du mich verlassen?"*
>
> *Macht Schande uns klein? Nackt wurde er gekreuzigt und von Schaulustigen begafft. Er trug unsere Sünde. Er trug unsere Missetaten. Er trug die Schwere unserer Schuld und das Ausmaß unserer Schande.*[6]

Mit anderen Worten: Am Fuße des Kreuzes verliert die Schande ihre Macht. Deshalb müssen wir uns buchstäblich beugen, um sie dort abzulegen. Am Kreuz erleben wir, dass wir von Gott angenommen sind und in die Gemeinschaft mit ihm eintreten dürfen.

---

6   übersetzt nach: Rodney Clapp: *Shame Crucified*, Christianity Today, March 11, 1991, S. 28

Zur persönlichen Verbindung mit Gott durch Jesus Christus gibt es keine Alternative. Nehmen Sie die Schande, die Scham, die Schuld und die Angst, die ihr Herz so quält, und bringen Sie das alles zu Gott. Ihre Würde gehört wiederhergestellt, als Sohn oder Tochter Gottes steht Ihnen ein aufrechter Gang zu. All das beginnt mit der Erkenntnis, dass Ihre Sünde fort und die Vergangenheit nun Vergangenheit ist.

Natürlich werden Sie auch denen, die an Ihnen schuldig geworden sind, vergeben müssen, so wie Jesus auch Ihnen vergeben hat. Aber dazu kommen wir später noch. „Seid aber zueinander gütig, mitleidig, und vergebt einander, so wie auch Gott in Christus euch vergeben hat!" (Epheser 4,32).

Man kann Menschen auch dann vergeben, wenn man sich nicht mehr mit ihnen aussöhnen kann. Vielleicht sind Ihre Eltern tot oder der damalige Täter gibt seine Schuld nicht zu und verachtet Sie stattdessen. Auch dann müssen Sie an einen Punkt kommen, an dem Sie Ihre Wut, Ihre Scham und Ihre Bitterkeit an Gott abgeben.

Eine Frau berichtete mir einmal, sie habe eine weite Zugfahrt auf sich genommen, um sich ans Grab ihrer Mutter zu stellen und ihrer Wut, ihrem Schmerz und ihrer Scham freien Lauf zu lassen. Ihre Mutter war eine Prostituierte gewesen; man kann sich also vorstellen, welche schrecklichen Erlebnisse diese Frau mit ihrer Kindheit verband. Doch als sie dort am Grab stand, sagte sie schließlich zu Gott: „All meine Scham und Erniedrigung liefere ich dir jetzt aus. Ich ertrage es nicht mehr." Dieser Entschluss war ein wichtiger Schritt in die richtige Richtung.

Ihre Geschichte war hier jedoch noch nicht zu Ende. Immer wieder kam das Vergangene in ihr hoch, und die ganze Palette der alten Gefühle war wieder präsent. Doch jetzt wusste sie, was zu tun war: Sie gab diese Gefühle an Gott ab und ließ es nicht zu, dass sie ihre Identität bestimmten. Auf diese Weise kann sogar die Vergangenheit ihre Macht verlieren.

Bitten Sie Gott, Sie von Ihrer Biografie freizumachen

Am Fuße des Kreuzes verlieren nicht nur Scham und Schande ihre Macht. Wenn wir vor Gott stehen, erkennen wir auch, dass unser Selbstwert nicht von unseren Gefühlen abhängt. Was Gottes Wort über uns sagt, ist weitaus wichtiger und zutreffender als das, was uns unsere Gefühle weismachen wollen. Er ruft uns beim Namen und stellt unsere Würde wieder her.

Es gibt eine häufig bemühte Veranschaulichung zum Verständnis unseres wahren Selbstwertes: Eine Silbermünze, die völlig verdreckt im Rinnstein liegt, ist keinen Cent weniger wert als die gleiche Münze, die soeben frisch in Umlauf gebracht wurde.

Ja, vielleicht sind Sie in einen moralischen Sumpf hineingeraten – sei es durch fremdes oder durch eigenes Verschulden. Doch Ihr Wert als Person bleibt davon unberührt. Gott beseitigt den Schmutz und stattet Sie mit seiner Ehre aus. In seiner Gegenwart werden Würde und Selbstwertgefühl wiederhergestellt.

Ein Freund von mir hatte eine Affäre mit einer anderen Frau. Er ließ sich von seiner Frau scheiden. Seine Kinder entfremdeten sich von ihm. Seine Tränen und seine Reue konnten diese zerbrochenen Beziehungen nicht wieder kitten. Er konnte nicht einfach wieder zur Tagesordnung übergehen und erwarten, dass alles so war wie früher. Jeden Morgen wachte er auf und hoffte, dass sein ganzes verkorkstes Leben bloß ein böser Traum war, der irgendwann ein Ende haben würde.

Jahre später fuhren wir gemeinsam im Auto, und er erzählte mir noch einmal die ganze Geschichte seines selbst verursachten Leids. Ihm standen die Augen voller Tränen, als er eine CD in seinen CD-Player schob und ein Lied von Dave Boyer abspielte. Dave Boyer ist ein christlicher Künstler, der vor seiner Bekehrung als Nachtklubsänger gearbeitet hatte. Es war eines seiner bekanntesten Lieder, das alte Kirchenlied: „Calvary Covers it all" (Golgatha deckt alles zu).

In diesem Lied besingt Boyer die wunderbare Tatsache, dass Jesus am Kreuz jede Sünde, jede Missetat und jede Ursache unserer Schuld auf sich genommen und zugedeckt hat. Es gibt ein weiteres Lied, das dieselbe Wahrheit enthält und mit folgenden Worten ausdrückt:

> *Meine Sünde – wie groß und herrlich ist dieser Gedanke!*
> *Meine Sünde – nicht nur ein Teil, sondern allumfassend,*
> *ward geheftet an das Kreuz, und ich trage sie nicht mehr.*
> *Preis den Herrn, preis den Herrn, o meine Seele!* [7]

Die gute Nachricht ist, dass Jesus meine und Ihre Sünde bereits voraussah – unsere Misere, unser Versagen, unsere Schuld und unsere Schande. Jesus wusste bereits davon, bevor es geschah, und sagt tatsächlich zu uns: „Als ich starb, verachtete ich die Schande des Kreuzes zutiefst. Doch ich werde deine Schande tragen, wenn du mir Glauben schenkst."

Der Ursache der eigenen Scham auf den Grund zu gehen ist ein langer und schwieriger Prozess, der sich jedoch in jeder Hinsicht lohnt. Allerdings sollte er in der Gegenwart Gottes stattfinden und von anderen Geschwistern unterstützt und begleitet werden. Ich kann es nicht oft genug betonen: Innere Heilung geschieht, wenn sich der Betroffene geliebt und angenommen fühlt. Die Gemeinde Jesu ist daher prädestiniert für emotionale Heilungsprozesse – vorausgesetzt, sie ist intakt. Isolation dagegen bewirkt Hoffnungslosigkeit und Depression und hält betroffene Menschen in Scham, Schuld und Bitterkeit gefangen. Liebe ist das beste Heilmittel.

Natürlich gibt es emotionale Verletzungen, die erst im Himmel komplett heilen können. Es kann sein, dass wir unsere Vergangenheit niemals ganz bewältigen werden, doch es steht trotzdem fest, dass Gott sich nicht auf Menschen aus intakten Familien und mit gesundem Selbstbewusstsein beschränkt. Viele, die in

---

7   übersetzt nach: Horatio Spafford, „It is Well with my Soul", 1873

schwierigen, schambehafteten Verhältnissen oder mit Abhängigkeiten aufgewachsen sind, haben ihren Weg erfolgreich gemeistert, weil sie ihrer Biografie auf die Spur gegangen sind. Dank eines bereinigten Gewissens beschritten sie diesen Weg in der Zuversicht, das erreichen zu können, was Gott für sie vorgesehen hatte.

Gott kennt und sieht die Schande, die selbst- oder fremdverschuldet auf Ihnen lastet. Was auch immer die Ursache dafür sein mag – nehmen Sie die folgende Verheißung für sich persönlich in Anspruch: „Das Endziel der Weisung aber ist Liebe aus reinem Herzen und *gutem Gewissen* und ungeheucheltem Glauben" (1. Timotheus 1,5, Hervorhebung durch den Autor).

Eine Bibelstelle zum Nachdenken:

Fürchte dich nicht, denn du wirst nicht zuschanden, und schäme dich nicht, denn du wirst nicht beschämt dastehen! Sondern du wirst die Schande deiner Jugend vergessen und nicht mehr an die Schmach deiner Witwenschaft denken. Denn dein Gemahl ist dein Schöpfer, Herr der Heerscharen ist sein Name, und dein Erlöser ist der Heilige Israels: Gott der ganzen Erde wird er genannt. (Jesaja 54,4-5)

Weiterführende Fragen zur Vertiefung:

◊ Welche Ereignisse in Ihrem eigenen Leben waren Ursachen für Scham oder Schuldgefühle? Bringen Sie Gott diese Dinge, jedes für sich, im Gebet und danken Sie Jesus dafür, dass er Ihre Schuld getragen hat.

◊ Hatte Ihr eigener Kampf mit Schuld und Scham negative Folgen für Ihr unmittelbares Umfeld? Nehmen Sie sich Zeit, um diese Frage in der Gegenwart Gottes zu bedenken, und überlegen Sie, inwiefern sich ein bereinigtes Gewissen positiv auf Ihre Beziehungen auswirken würde.

3

DIE STIMME GOTTES ODER DIE STIMME DES TEUFELS

Ein anklagendes Gewissen ist der Tummelplatz des Teufels.
Erwin Lutzer

Manche Menschen hören Stimmen, die sie anweisen, ihren Nachbarn zu töten, der sie beleidigt hat, oder ein Kind zu zerstückeln oder sich selbst umzubringen. Sie werden von Stimmen verfolgt, die ihnen die widerwärtigsten Dinge befehlen, und meinen, gehorchen zu müssen, weil sie ansonsten gegen Gottes Willen verstoßen würden. Wir alle kennen solche Geschichten von Kriminellen, die sich auf die innere Stimme ihres Gewissens als Tatmotiv berufen.

Dann wiederum gibt es besonders gewissenhafte Christen, die immer und immer wieder dieselbe Sünde bekennen, weil sie meinen, dass die innere Stimme, die sie anhaltend anklagt, die Stimme Gottes sei. Sie erkennen nicht, dass das Gefühl kontinuierlicher Verdammnis ganz offensichtlich von Satan gesteuert wird –

eben von dem, den die Bibel den „Verkläger unserer Brüder"
nennt (Offenbarung 12,10). Demzufolge leben sie mit ständigen
Schuldgefühlen und ungeklärten Fragen hinsichtlich ihres persönlichen Heils. Für solche Menschen erscheint ein unbelastetes
Gewissen ein schier unerreichbares Ziel zu sein.

Um diesen Phänomenen etwas weiter auf den Grund zu gehen,
wollen wir uns zunächst mit einer Geschichte aus dem Alten Testament befassen. Versetzen wir uns einmal in die Situation eines
Mannes namens Joschua, eines Hohenpriesters, der mit persönlicher Schuld vor Gott stand.

Der Prophet Sacharja hatte eine Vision, die sowohl unser
Schuldproblem als auch Gottes Antwort darauf beschreibt. In
dieser Vision stand Joschua in Schande vor Gott, ging jedoch als
von Gott für gerecht erklärt aus dieser Begegnung hervor! Seine
Geschichte könnte auch unsere sein. Satan war der Ankläger,
doch Gott war derjenige, der den Mann wieder fortschickte – mit
einem Freispruch in der Tasche.

Beschmutzte Kleidung

Lesen Sie Sacharja 3,1 einmal ganz aufmerksam: „Und er ließ mich
den Hohenpriester Joschua sehen, der vor dem Engel des Herrn
stand; und der Satan stand zu seiner Rechten, um ihn anzuklagen." Stellen wir uns diese Szene bildlich vor: Der Hohepriester
Joschua (nicht zu verwechseln mit dem Kriegsmann Josua, nach
dem ein Buch der Bibel benannt ist) ist ein Sinnbild für jeden Einzelnen von uns.

Interessant ist sein äußeres Erscheinungsbild: „Und Joschua
war mit schmutzigen Kleidern bekleidet und stand vor dem Engel" (Sacharja 3,3). Der Zustand seiner Kleidung symbolisierte den
Zustand seines Herzens – ein Bild seiner persönlichen Schuld und
der Schuld des ganzen Volkes vor dem Herrn. Manchmal wird
Sünde mit einer Krankheit verglichen, manchmal schlichtweg

mit äußerer Unreinheit. Hier wird uns Joschua als schmutzig und schuldig dargestellt und zudem noch als unfähig, daran irgendetwas zu ändern.

Dabei machte Joschua sicherlich eine bessere Figur als jeder durchschnittliche Kriminelle. Und hätten wir normale Gemeindemitglieder daneben gestellt, hätte er auch dann noch weitaus besser abgeschnitten. Doch der Vergleich mit anderen Menschen ist eben nicht der hier anzulegende Maßstab: Joschua steht in der Gegenwart des Einen, der so viel gerechter ist als er selbst. Er steht vor dem „Engel des Herrn". Wäre Gott nicht so heilig, könnten wir unsere Schuld vielleicht noch irgendwie kompensieren. Doch der Standard ist die Heiligkeit Gottes.

Wonach war Joschua wohl in diesem Moment zumute? Ich bin mir sicher, dass er am liebsten weggelaufen wäre, fort aus der Gegenwart des Herrn. Doch er stand dort als Repräsentant des Volkes Israel. Er wurde für schuldig befunden und trug somit die Schuld der ganzen Nation. Und er wusste, dass er in der Gegenwart des Engels des Herrn genauso schmutzig war, wie er sich fühlte.

Einmal kam eine junge Frau zu mir in die Seelsorge, die sich gerade einige Tage zuvor erstmals sexuell mit einem Mann eingelassen hatte. Ihr war nicht nur bewusst, dass sie ihre Jungfräulichkeit verloren hatte, sondern sie berichtete davon, dass sie unmittelbar danach eine hämische Stimme vernommen hatte, die zu ihr sagte: „Ha! Jetzt bist du schmutzig." Sie beschrieb es genau mit dem Wort, das Sacharja für Joschuas Kleidung gebraucht. Ja, Schmutz. Kot, um ganz genau zu sein.

Der Herr steht uns zur Seite

Es gab Hoffnung für Joschua, so wie es auch Hoffnung für alle Menschen gibt, deren Gewissen sie zur Verzweiflung treibt. Was hatte Gott gesagt? Und was verlangte der Teufel?

Lassen Sie uns zu der Geschichte zurückkehren und uns ein wenig genauer mit dem „Engel des Herrn" befassen. Anhand seiner Worte in Vers 2 ahnen wir bereits, um wen es sich handelt: „Der Herr wird dich bedrohen, Satan! Ja, der Herr, der Jerusalem erwählt hat, bedroht dich!" Der Engel des Herrn wird auch „Herr" genannt und hat die Vollmacht, Sünden zu vergeben.

Die meisten Theologen sind sich darüber einig, dass es sich bei „*dem* Engel des Herrn" (im Gegensatz zu *einem* Engel des Herrn) um Jesus Christus handelt, und zwar bevor er als Mensch auf die Erde kam. Joschua stand also tatsächlich vor dem leibhaftigen Jesus!

Als Verdammte stehen auch wir in der Gegenwart des Heiligen, an dessen Reinheit wir uns messen lassen müssen. Wir stehen da, exponiert und ungeschützt, geistlich völlig nackt.

Doch jetzt kommen wir zu der guten Nachricht.

„Und der Engel antwortete und sprach zu denen, die vor ihm standen: Nehmt ihm die schmutzigen Kleider ab! Und zu ihm sprach er: Siehe, ich habe deine Schuld von dir weggenommen und bekleide dich mit Feierkleidern" (Verse 4-5). Ganz offensichtlich standen mehrere Engel dabei, denen der Engel des Herrn Befehle erteilen konnte. Auf sein Geheiß hin wurden Joschua die schmutzigen Kleider ausgezogen.

Natürlich ließ man ihn nicht unbekleidet stehen. Er bekam saubere Kleidung angezogen – „Feierkleider" oder „Festtagskleidung". Jetzt konnte er freimütig vor dem Engel des Herrn stehen, ohne sich schämen zu müssen.

Denken wir noch einmal über folgende Aussage nach: Es geht nicht so sehr um die Schwere unserer Schuld, sondern um die Schönheit der Gewänder, die uns bedecken. Natürlich könnten wir uns fragen: „Wie schmutzig waren denn Joschuas Kleider genau? Welcher Sünden hatte er sich überhaupt schuldig gemacht?" Das mag zwar ganz interessant sein, aber im Ergebnis vollkommen irrelevant, weil der Schmutz ja inzwischen entfernt wurde. Seine neuen Kleider waren so rein wie die, in die der Engel des Herrn gehüllt war!

Doch wir sind noch nicht ganz fertig. Es gibt noch mehr dazu zu sagen.

Satan, der Ankläger

Wichtig ist, dass wir Satans Rolle in dieser Geschichte verstehen: Er verdreht die Situation. Er versucht, aus einer Versöhnungsszene eine Trennungssituation zu machen. Statt Joschua zu helfen, sich mit Gott zu versöhnen, versucht er, einen Keil zwischen ihn und Gott zu treiben. Joschua steht vor dem Engel, „und der Satan stand zu seiner Rechten, um ihn anzuklagen" (Vers 1).

Diesen Punkt wollen wir einmal genau durchdenken: Wer ist es, der hier anklagt? Erstens handelt es sich bei dem Ankläger um die Personifizierung der Sünde. Wenn Joschua schmutzig ist, ist Satan noch viel schmutziger. Ist Joschua unrein, ist Satan doppelt so unrein. Kein Wunder, dass die Dämonen, die ja das Wesen ihres Fürsten Satan in sich tragen, als unreine Geister bezeichnet werden (siehe beispielsweise Markus 6,7). Sie sind komplett schmutzig ohne jedes Anzeichen von Güte oder Freundlichkeit. Außerdem gibt es für die bösen Geister keine Chance auf Sündenvergebung, da sie in Gottes Plan zur Rettung der Menschheit keinerlei Rolle spielen.

Zweitens stammen die Anklagen vom Initiator der Sünde. Er war es, der Adam und Eva zur Sünde verleitete. Und heute versucht er, auch uns zu verleiten. Er verstrickt uns in Sünde, um uns im selben Moment der Sünde bezichtigen zu können! Er ist zugleich Brandstifter und Feuerwehrmann: Ständig taucht er an Orten des Unglücks auf, das er selbst verursacht hat.

Drittens ist Hass die Triebfeder Satans: ein Hass auf Gott und dessen Kinder. Rasend vor Wut, verzehrt von Eifersucht und in Erwartung einer hoffnungslosen Zukunft legt er seinen Finger wieder und wieder in den Brandherd unserer Schuld und Scham, während wir in der Gegenwart Gottes stehen.

Herausfordernd schleudert er uns entgegen: „Schau dich doch an, dich und deine dreckigen Kleider! Du sagst, dass Gott dir vergeben hat. Ach, wirklich? Denk mal daran, was du getan hast. Du fühlst dich doch nicht allen Ernstes so, als sei dir vergeben. Gott ist richtig sauer auf dich. Es wäre ihm lieber, du würdest verschwinden."

Satan möchte uns glauben machen, dass wir auf verlorenem Posten stehen. Er will, dass wir Gott den Rücken kehren und uns in die Sünde stürzen, um unseren Schmerz über die Sünden unserer Vergangenheit zu betäuben. Der Böse möchte unsere Verbindung zu Gott kappen und uns den Segen eines reinen Gewissens vorenthalten. Im Vergleich zu Gottes Gnade soll uns unsere Sünde übermächtig erscheinen.

Glücklicherweise nimmt sich der Engel des Herrn unserer Sache an. Er weist die Anschuldigungen des Teufels zurück. Um eines noch einmal klarzustellen: Natürlich sind wir die schlimmsten Sünder, doch Gott unterscheidet ganz genau zwischen unserem Tun und der Gnade, die er uns zuteilwerden lässt. Dank Jesus wäscht Gott unsere Sünden ab und spricht uns gerecht – so gerecht, wie er selbst ist. Wir sind in Gottes Kleider gehüllt.

Joschua erhielt sogar Feierkleider – also die Ausstattung eines Priesters –, sodass er in der Gegenwart Gottes seiner Bestimmung nachkommen konnte. Nur so sind wir Priester vor Gott, in dessen Gegenwart wir freimütig treten können (siehe Hebräer 4,16).

Die sauberen Kleider, die Joschua empfing, symbolisieren die Gerechtigkeit, die wir geschenkt bekommen, wenn wir Jesus als denjenigen annehmen, der unsere Sünde getragen hat. Gott spricht uns frei und erklärt uns nach seinem göttlichen Maßstab für gerecht. Das macht uns zu Kindern Gottes.

Die Stimme Gottes von der Stimme Satans unterscheiden

Was wäre geschehen, wenn Joschua sich Satans Anschuldigungen zu Herzen genommen und Gottes Angebot der sauberen Kleider ausgeschlagen hätte? Wenn Satans lautes Reden Gottes Stimme erstickt hätte? Glücklicherweise spricht Gott ein laut vernehmbares *Ja* zur Vergebung aus, das sich von Satans *Nein* nicht beirren lässt.

Hier sind vier Ratschläge für Situationen, in denen wir aufpassen müssen, die Stimme Gottes nicht mit der Stimme Satans zu verwechseln.

Zunächst sei demjenigen, der eine Stimme hört, die manchmal Gutes und manchmal auch Böses von sich gibt, Folgendes gesagt: Eine solche Stimme ist in jedem Fall die des Teufels, auch wenn sie manchmal etwas scheinbar Annehmbares oder sogar „Biblisches" weitergibt. Denn Satan kann durchaus die Bibel zitieren (siehe Matthäus 4,5-6).

Mit scheinbar guten Worten verbrämt Satan das Böse. Satan, der Meister der Täuschung, sagt uns, was wir hören wollen, damit wir ihm dahin folgen, wo er uns haben will.

Unser erster Schritt besteht darin, die Vergebung anzunehmen, die Gott jedem anbietet, der auf Jesus als seinen Herrn und Erlöser vertraut. Die fremden Stimmen dürfen dagegen keine Beachtung mehr finden. Man darf ihnen weder Glauben schenken noch zulassen, dass sie einen von Gott abbringen.

Würde ein Dieb in Ihr Haus eindringen, würde das nicht etwa bedeuten, dass er Eigentümer des Hauses ist, sondern lediglich, dass er sich einer Sache bemächtigen will, die ihm nicht gehört. Genauso verhält es sich mit unserem Glauben, wenn wir unser Vertrauen auf Christus setzen: Satan kann uns niemals besitzen. Ja, Satan kann uns mit Angriffen traktieren. Er kann unsere Gefühle manipulieren oder sich die falsche Schuldenlast zunutze machen, die unser Gewissen belastet. Doch eines müssen wir wissen:

Gott wird niemals etwas von uns verlangen, von dem wir intuitiv wissen, dass es böse ist. Wir müssen auf die Stimme Gottes in der Bibel hören und nicht auf die rastlose Stimme des Teufels.

Zweitens: Auch wenn wir zu Christus gehören und unsere Sünden bekannt haben, wird unser Gewissen nicht schweigen. Gehören wir zur Familie Gottes, wird der Heilige Geist uns auf Sünden aufmerksam machen, für die wir um Vergebung bitten müssen. Doch sobald wir diese Schuld bekannt haben, ist dieses Thema erledigt. Zwar steht dann vielleicht immer noch die Klärung der Angelegenheit mit beteiligten Dritten aus (mehr dazu in einem anderen Kapitel). Doch im Hinblick auf unsere Beziehung zu Gott haben wir nun ein reines Gewissen.

Kurz gesagt: Satan klagt uns dann einer Sünde an, die schon längst vergeben worden ist. Er lügt auf ganzer Linie – nicht nur mit Worten, sondern auch auf der Gefühlsebene. Sein hasserfülltes Verlangen zielt darauf ab, einen Keil zwischen Gott und uns zu treiben. Satan versucht, unser Gewissen derart zu manipulieren, dass wir überzeugt sind, für Gnade Gottes unerreichbar zu sein.

Also können wir davon ausgehen, dass der Ankläger Satan dahintersteckt, wenn wir das Gefühl haben, ein und dieselbe vergangene Sünde immer und immer wieder bekennen zu müssen, weil wir uns nicht sicher sind, ob Gott unser Gebet beim ersten Mal gehört hat. Natürlich müssen unser Bekenntnis und unsere Buße echt sein und von ganzem Herzen kommen, doch wir dürfen uns an das klammern, was uns die Bibel in 1. Johannes 1,9 zuspricht: „Wenn wir unsere Sünden bekennen, ist er treu und gerecht, dass er uns die Sünden vergibt und uns reinigt von jeder Ungerechtigkeit."

„Was soll ich gegen mein unreines Herz unternehmen?", fragte mich eine Frau einmal. „Ich kann es schließlich nicht mit Stahlwolle schrubben." Wie recht sie hatte.

Nicht einmal das schärfste Reinigungsmittel vermag ins Innere unseres Gewissens zu dringen. Es gibt keine Medizin gegen tiefe Reue, Entfremdung von Gott oder gegen Selbstvorwürfe. Nur Gott kann in die Tiefe unserer Psyche vordringen und sie reinigen.

Zwei echte Geschenke werden uns in 1. Johannes 1,9 verheißen: Vergebung und Reinigung. Unsere Gemeinschaft zu Gott wird wiederhergestellt, und unser Gewissen erfährt Erleichterung. Ja, es gibt diese persönliche Reinigung, die unsere Sünde fortnimmt. Dieses Privileg haben nur wir Christen. Ja, wir müssen Gottes Vergebung annehmen, aber seine Reinigung ebenfalls.

Ich sprach einmal mit einer Frau, die in ihrer Jugend einen unmoralischen Lebensstil gepflegt hatte und nun unter Schuldgefühlen und Reue litt. „Aber sicherlich haben Sie Gott Ihre Schuld schon bekannt", bemerkte ich.

„Oh ja, das habe ich bestimmt schon tausendmal getan", entgegnete sie.

Ich erklärte ihr, dass wir unser Gewissen nicht dadurch reinigen, indem wir dieselbe Sünde immer und immer wieder bekennen. Vielmehr ist das wiederholte Bekennen ein Beweis unseres Misstrauens gegenüber Gott, weil wir ihm nicht glauben, dass er „treu und gerecht ist, uns vergibt und uns reinigt von jeder Ungerechtigkeit". Wenn wieder hochkommende Schuldgefühle an uns nagen, müssen wir ihnen bewusst die Tatsache entgegenhalten, dass uns bereits vergeben wurde. Schuldgefühle dienen dazu, dass wir unsere Schuld vor Gott bekennen. Doch sobald wir Gewissheit der Vergebung haben (und wir unser Möglichstes getan haben, um auch mit den Menschen ins Reine zu kommen), sind Schuldgefühle überflüssig. Gott sagt, dass er uns vergeben hat, und aus seiner Sicht ist die Sache damit erledigt. Gleichwohl will Satan, dass wir uns selbst noch ein wenig zusätzliches Leid auferlegen.

In einer sehr bewegenden Predigt beschrieb Charles Spurgeon einmal sehr anschaulich, was Gott alles auf sich genommen hat, um unsere Schuld zuzudecken:

Der Mensch häuft einen riesigen Berg von Sünden an, doch Gott gelingt es, einen Gnadenberg von schwindelerregender Höhe aufzurichten. Der Mensch legt nach und schaufelt seinen Berg noch höher, doch der Herr

*übertrifft ihn mit zehnmal so viel Gnade. Der Wettstreit geht immer
so weiter, bis der mächtige Gott schließlich die beiden Berge samt dem
Wurzelwerk ausreißt und die Sünden des Menschen darunter begräbt
wie eine Mücke unter einem Elefanten. Für die alles übertreffende
Gnade Gottes ist selbst die schwerste Sünde kein Hindernis.*[8]

*Für die alles übertreffende Gnade Gottes ist selbst die schwerste Sünde kein
Hindernis!*

Drittens: Satan steckt dahinter, wenn wir meinen, der wahren
Vergebung etwas auf die Sprünge helfen zu können, indem wir
uns nur genug mit Selbstvorwürfen knechten, uns selbst bestra-
fen oder unter einer Wolke ständiger Verdammnis verharren (die
wir alle zugegebenermaßen verdient hätten). Ein ganz entschie-
denes Nein. Wir müssen uns weder permanent Vorwürfe machen
noch uns selbst Schmerzen zufügen. Vergebung ist ein Geschenk,
und diejenigen, die es empfangen, bekommen es umsonst. Hier ist
eine Entscheidung gefragt: Glauben wir Gott oder unseren Gefühlen, die uns immer wieder hinters Licht führen?

Viertens: Satan hat seine Finger im Spiel, wenn Menschen, an
denen wir schuldig geworden sind, uns unaufrichtige Reue vor-
werfen, obwohl wir Gottes Vergebung empfangen haben. Natürlich kann es sein, dass jemand tatsächlich nicht ernsthaft bereut,
doch ich meine hier folgendes Szenario, das ich schon häufiger
beobachtet habe.

Es geht vornehmlich um Fälle, in denen der Ehemann Ehebruch
begangen und Buße darüber getan hat und im Anschluss daran
seine Ehefrau um Vergebung bittet. Er selbst ist am Boden zerstört und kann es kaum fassen, dass er die Frau betrogen hat, die
er geheiratet hat und immer noch liebt. Vor seiner Frau und vor
Dritten bekennt er seine Schuld. Auch seine Frau ist untröstlich,

---

8   übersetzt nach: Charles Haddon Spurgeon, „Grace Abounding," Predigt vom 22.
     März 1863; http://answeringenesis.org/education/spurgeon-sermons/501-grace-
     abounding/

doch nach einer Weile sagt sie, sie wolle ihm vergeben und an ihrer Ehe festhalten. Doch da sie wütend ist und den Betrug nicht vergessen kann, erinnert sie ihn immer wieder an das, was er ihr angetan hat. Ständig hält sie ihm vor, seine Reue sei nicht echt. Sie meint, die Ehrlichkeit gebiete es, dass sie ihm sein Versagen immer wieder vor Augen hält.

Ist das nun richtig oder falsch? Ist es eine Frage der Aufrichtigkeit, diese Sünde bei ihren Streitigkeiten immer wieder zur Sprache zu bringen? Und muss es angesprochen werden, falls er in Erwägung zieht, irgendeine Art von christlichem Dienst zu übernehmen? Oder sorgt hier Satan dafür, dass sie meinen, keine Fortschritte in ihrer Beziehung zu machen und sich so verhalten zu müssen, als sei die Sünde gerade erst begangen worden? Sie lassen die Vergangenheit niemals ruhen.

Die Haltung und das Wirken des Teufels beeinflussen sowohl den, der Vergebung in Anspruch nimmt, als auch den Vergebenden. Manchmal ist es schwerer für denjenigen, den der reuige Sünder um Vergebung bittet, als für den, der selbst um Vergebung für sein Tun bittet. Vertrauen ist etwas sehr Zerbrechliches und benötigt viel Zeit, wenn es wieder wachsen muss, aber dennoch sollte ein aufrichtiges Bekenntnis der Reue akzeptiert werden.

Worte sind leicht gesagt. Zu sagen, dass wir jemandem vergeben haben, ist nicht dasselbe, wie das Kriegsbeil zu begraben. Jemand hat einmal gesagt: „Zwar haben wir das Kriegsbeil begraben, aber die Hintertür der Gruft steht noch offen.“

Einwände gegen die Anklagen Satans

Als der Erzengel Michael Satan aus dem Himmel hinausgeworfen hat, lesen wir: „Hinabgeworfen ist der Verkläger unserer Brüder, der sie Tag und Nacht vor unserem Gott verklagte. Und sie haben ihn überwunden wegen des Blutes des Lammes und wegen des

Wortes ihres Zeugnisses, und sie haben ihr Leben nicht geliebt bis zum Tod!" (Offenbarung 12,10-11).

Satan verklagt hier Menschen, die Gott längst freigesprochen hat. Diese wehren sich gegen die teuflischen Attacken, indem sie sich auf den Wert und den Sieg des „Blutes des Lammes" berufen. Genauso müssen wir verfahren. Wir müssen uns auf die Grundlage der Bibel stellen und dürfen uns nicht wegen Sünden verklagen lassen, die Gott bereits für vergeben erklärt hat.

Halten wir den Anklagen Satans Folgendes entgegen: „Wer wird gegen Gott Auserwählte Anklage erheben? Gott ist es, der rechtfertigt. Wer ist, der verdamme? Christus Jesus ist es, der gestorben, ja noch mehr, der auferweckt, der auch zur Rechten Gottes ist, der sich auch für uns verwendet" (Römer 8,33-34).

Wir können mit Fug und Recht davon ausgehen, dass der Herr Satan zurechtweisen wird.

Der Prophet Jesaja schrieb: „Du, du hast liebevoll meine Seele von der Grube der Vernichtung zurückgehalten, denn alle meine Sünden hast du hinter deinen Rücken geworfen" (Jesaja 38,17). Stellen Sie sich zwei unterschiedliche Wege vor: Einer ist sauber und gut befahrbar, der andere in katastrophalem Zustand und von tiefen Fahrspuren zerfurcht, die geradewegs in den Graben führen. Nach intensivem Schneefall sind beide Wege von einer gleich dicken Schneeschicht bedeckt. Genauso verhält es sich mit unseren Sünden: Ob klein oder groß – Gott bedeckt sie alle gleich. „Wenn eure Sünden rot wie Karmesin sind, wie Schnee sollen sie weiß werden" (Jesaja 1,18). Es mag sein, dass Sie sich noch an Ihre Sünden erinnern, doch aus Gottes Gedächtnis sind sie fortan gestrichen. Er spricht: „Ich habe deine Verbrechen ausgelöscht wie einen Nebel und wie eine Wolke deine Sünden" (Jesaja 44,22).

Joschua erinnert uns daran, dass uns unsere Schuld zu Gott hin und nicht von Gott weg bewegen sollte. Unseren natürlichen Fluchtinstinkt sollten wir unterdrücken. Ohne Ausflüchte und Schönrederei haben wir in die Gegenwart Gottes zu treten. *Im*

Umgang mit unserer Schuld erleben wir einen Gott, der seine Arme nach uns ausstreckt, statt uns von sich wegzustoßen.

Gott rehabilitiert jeden, dem er vergibt

Außer neuer und frischer Kleidung bekam Joschua auch einen sauberen Turban. Er konnte seinen priesterlichen Dienst wieder aufnehmen und erhielt eine besondere Aufgabe. Kürzlich hörte ich das Zeugnis eines früheren Heroinabhängigen, der einige Zeit wegen bewaffneten Raubüberfalls im Gefängnis gesessen hatte. Nachdem er zum Glauben gekommen war und Gottes Vergebung für seine vielen Sünden angenommen hatte, wurde ihm ein verantwortungsvoller Posten in einer christlichen Organisation angeboten. Sein Kommentar dazu lautete folgendermaßen: „Die Tatsache, dass Gott ausgerechnet mich Mistkerl in den Dienst berufen wollte, ließ mich auf die Knie sinken und erfüllte mich mit tiefer Dankbarkeit."

In dem Film *Die Verurteilten*, der in den späten 1940er und frühen 1950er-Jahren spielt, geht es um zwei Männer, die ihre Haftstrafen verbüßen. Er gibt Einblick in die Beschwernisse und Versuchungen eines Gefängnisalltags. Red, der Anführer, der schon am längsten von allen Mithäftlingen einsitzt, erläutert, was geschieht, wenn man zu viele Jahre innerhalb von Gefängnismauern verbringt. Er sagt: „Die Mauern hier sind schon komisch. Anfangs hasst du sie, nach 'ner gewissen Zeit gewöhnst du dich dran, und wenn noch mehr Zeit vergangen ist, kannst du ohne sie nicht mehr leben."

Das Leben eines Sünders kann man ähnlich umschreiben: Zu Anfang hassen wir unsere schmutzigen Kleider des Zorns, der Abhängigkeiten und der Betrügereien, doch irgendwann gewöhnen wir uns an sie. Danach ziehen wir sie allem anderen vor, und schließlich können wir nicht mehr ohne sie. Und das ist die größte Tragödie: wenn wir unsere Freiheit preisgeben, uns versklaven lassen und die schmutzigen Kleider den sauberen vorziehen, die Gott für uns bereit gelegt hat.

In seiner klassischen Allegorie *Die Pilgerreise* vergleicht John Bunyan die Sünde mit einer Bürde, die unser Gewissen belastet und uns nur von Gott selbst abgenommen werden kann. Wir tun Gott keinen Gefallen, wenn wir versuchen, mit unserer Sünde alleine fertigzuwerden. Vielmehr ehrt es ihn, wenn wir nicht nur auf seine Hilfe, sondern auch auf sein Eingreifen angewiesen sind.

Und schließlich kann vergebene Sünde nur so viel Macht auf uns ausüben, wie wir zulassen. Oder vielmehr so viel Macht, wie wir Satan zubilligen. Selbstverständlich kommen uns die Erinnerungen an die Sünde immer mal wieder in den Sinn. In solchen Situationen ist die alte Schuld so fühlbar nah und erzeugt eine Atmosphäre der Selbstverdammnis. Doch die einzig richtige Reaktion darauf ist diese: „Gott hat sich zu dieser Sache bereits abschließend geäußert, und auf sein Wort verlasse ich mich."

Satans Lieblingswaffe, die er gegen uns richtet, ist unsere Schuld. Und das einzig wahre Verteidigungsmittel dagegen ist die Gewissheit, dass unsere Schuld vollumfänglich vergeben ist.

Eine Bibelstelle zum Nachdenken:

Und euch, die ihr tot wart in den Vergehungen und in dem Unbeschnittensein eures Fleisches, hat er mit lebendig gemacht mit ihm, indem er uns alle Vergehungen vergeben hat. Er hat den Schuldschein gegen uns gelöscht, den in Satzungen bestehenden, der gegen uns war, und ihn auch aus unserer Mitte fortgeschafft, indem er ihn ans Kreuz nagelte; er hat die Gewalten und die Mächte völlig entwaffnet und sie öffentlich zur Schau gestellt. In ihm hat er den Triumph über sie gehalten. (Kolosser 2, 13-15; Hervorhebung durch den Autor)

Weiterführende Gedanken zur Vertiefung:

◊ Können Sie sich an eine Situation in Ihrem Leben erinnern, in der Satan einen Sieg davongetragen hat? Was hätten Sie tun können, um ihm zu widerstehen? Wie können wir uns für derartige Angriffe auf unseren Verstand und unsere Gefühlswelt rüsten?

◊ Bitten Sie Gott um Weisheit, um das Wirken Satans vom Drängen des Heiligen Geistes zu unterscheiden.

4

KEINE VERDAMMNIS: KEIN GRUND FÜR SELBSTMORD

*Wenn wir sagen, dass wir uns selbst nicht vergeben können,
erheben wir unseren Schuldspruch über Gottes Urteil.
Wir glauben, dass wir es besser wissen als er.
Es mag ja sein, dass Gott gerne und schnell vergibt,
aber wir sind so einfach nicht gestrickt.
Doch mit welchem Recht halten wir etwas fest,
was Gott bereits losgelassen hat?[9]*
Charles Swindoll

Joseph Gliniewicz, ein Polizist im Fox Lake District, hätte sich nicht das Leben nehmen müssen. Im Jahr 2015 täuschte er mit viel Aufwand seine eigene Ermordung durch drei unbekannte Männer

---

[9] übersetzt nach: Charles Swindoll, „Getting Past Guilt: Overcoming Barriers to Feeling Forgiven", 15. Juni 2009, http://insight.org/resources/article-library/individual/getting-past-guilt-overcoming-barriers-to-feeling-forgiven.

vor. Trotz intensiver Suche wurden diese drei Unbekannten jedoch nie gefunden, und die Ermittlungen ergaben schließlich, dass er sich in Wahrheit selbst umgebracht hatte. Hintergrund war, dass er befürchtete, belastende Tatsachen über seine kriminellen Verwicklungen könnten ans Licht kommen und ihn schlimmstenfalls sogar hinter Gitter bringen. Lieber wollte er durch seine eigene Hand sterben, als mit der ihn erwartenden Schmach leben zu müssen.

Lady Macbeth ist ein weiteres eindrückliches Beispiel dafür, welche Qualen ein schlechtes Gewissen hervorrufen kann, und wie es einen Menschen knechtet, der sich allein mit seiner Schuld abmüht. Sie war an der Ermordung König Duncans beteiligt gewesen.

Fort, verdammter Fleck, ich sage, geh fort! Was haben wir zu fürchten, wer davon weiß, da kein Mensch unsere Gewalt zur Rechenschaft ziehen darf? (Sie meint damit: Wir sind derart privilegiert, dass niemand mit uns ins Gericht gehen wird. Wovor sollten wir uns also fürchten?) Aber wer konnte wissen, dass der alte Mann noch so viel Blut in sich hat? ... Wollen diese Hände denn nie sauber werden? ... Noch immer riecht es nach Blut. Alle Düfte Arabiens würden den Geruch nicht von dieser kleinen Hand entfernen können ... Oh, was war das für ein Seufzer! Das Herz ist zutiefst beladen ... Sämtliche Ozeane dieser Welt könnten meine Hände nicht von Blut reinwaschen. Vielmehr färbten meine Hände die Fluten tiefrot.[10]

Lesen Sie diese Sätze noch einmal und achten Sie darauf, wie sie versucht, ihre Schuld zu unterdrücken. Sie redet sich ein, zu einflussreich zu sein, als dass man ihr den Prozess machen würde. Wieder und wieder wäscht sie sich die Hände, symptomatisch für den Versuch, ihr Herz reinzuwaschen. Schließlich hofft sie, dass sie den fauligen Geruch ihrer Hände mit Parfüm überdecken kann.

---

10   übersetzt nach: William Shakespeare, *Macbeth*, Akt 5, Szene 1, 2-3

Doch je mehr sie sich auf die Stimme ihres Gewissens konzentriert, die sie verdammt, desto mächtiger wird das Ausmaß ihres Verbrechens. Könnte sie es abwaschen, wäre das Meer zwar blutig, aber an ihren Händen klebte immer noch der Geruch von Blut.

Da sie keine Zuflucht vor der verurteilenden Stimme ihres Gewissens fand, endete Lady Macbeth tragischerweise wie jährlich rund 35 000 Amerikaner bzw. rund 10 000 Deutsche: Sie nahm sich das Leben. Ihre Schuld ließ sich nicht einfach so beiseiteschieben.

Ich weiß von mehreren Teenagern – christlichen Teenagern – in meiner Heimatstadt Chicago, die sich das Leben genommen haben. Einer von ihnen hinterließ einen Abschiedsbrief, in dem es hieß: „Ich habe einfach zu oft versagt."

Das ist traurig. Und absolut unnötig.

Dieses Kapitel will Menschen helfen, die bis zur Hoffnungslosigkeit unter ihrem überwältigenden Berg von Schuld leiden. Zwar ist Schuld nicht immer die Ursache depressiver und anderer psychischer Erkrankungen, jedoch kann ein belastetes Gewissen in manchen Fällen trotzdem eine gewisse Rolle spielen.

Unsere Gefühle täuschen uns oft. Unsere Emotionen tischen uns häufig Lügen über uns selbst auf, über unseren Wert als Person und über unsere vermeintlich aussichtslose Zukunftsperspektive. Glücklicherweise müssen wir diesen Lügen keinen Glauben schenken. Diese Stimmen können zum Schweigen gebracht werden, wenn wir die Verheißungen Gottes in Anspruch nehmen.

Ein Kaplan fragte einmal einen Drogenabhängigen: „Warum nehmen Sie Drogen?"

Er entgegnete: „Herr Kaplan, in Wahrheit kennen Sie die Antwort, ohne dass ich etwas dazu sage. Ich kenne sie auch. Ich schäme mich so sehr wegen vieler Dinge, die ich getan habe, dass ich eigentlich gar nicht mehr leben möchte. Doch mir fehlt der Mut, mir eine Kugel in den Kopf zu jagen. Also habe ich mich für ein Sterben auf Raten entschieden und nehme Drogen. Ich habe das Gefühl, dass ich für alles büßen muss, was ich getan habe. Ich glaube, dass die meisten Drogenabhängigen so empfinden wie ich.“[11]

Weil die Vergangenheit unabänderlich ist, geht man automatisch davon aus, dass das Gleiche auch für die Zukunft gilt, und erwartet nichts als Verzweiflung, Reue und Leere. Wir kämpfen mit schlaflosen Nächten, mit der ablehnenden Haltung unseres Umfeldes und mit unerträglicher Scham und Hoffnungslosigkeit.

Dieses Kapitel ist der einen großen Wahrheit gewidmet: Egal, wie schwer die Last auf Ihrem Gewissen wiegt, egal, wie verzweifelt Sie sind und wie abgrundtief Sie alles bereuen: Es gibt Hoffnung. Gott ist diese Hoffnung. In seiner Gegenwart erfahren Sie vollkommene Vergebung und sind geehrt, willkommen und wertgeschätzt. In Gottes Welt ist Platz für Sie – wer auch immer Sie sein mögen.

Bitte bleiben Sie jetzt mit mir am Ball.

Lesen Sie sich die folgenden Verse aus dem Hebräerbrief durch:

Denn wenn das Blut von Böcken und Stieren und die Asche einer jungen Kuh, auf die Unreinen gesprengt, zur Reinheit des Fleisches heiligt, wie viel mehr wird das Blut des Christus, *der sich selbst durch den ewigen Geist als Opfer ohne Fehler Gott dargebracht hat,* euer Gewissen reinigen *von toten Werken, damit ihr dem lebendigen Gott dient!* (Hebräer 9,13-14, Hervorhebung durch den Autor)

So lasst uns nun hinzutreten mit wahrhaftigem Herzen in voller Gewissheit des Glaubens, die Herzen besprengt und damit gereinigt vom bösen Gewissen *und den Leib gewaschen mit reinem Wasser.* (10,22)

Zwei sich ähnelnde Ausdrücke wollen wir hier besonders beachten: „euer Gewissen reinigen“ und „gereinigt vom bösen Gewissen“. Innerer Friede ist möglich – trotz unserer Vergangenheit.

---

11 übersetzt nach: William G. Justice: *Guilt and Forgiveness,* Grand Rapids, Baker, 1980, S. 95

Die versöhnende Kraft des Blutes

Um zu verstehen, warum der Schreiber des Hebräerbriefes das Blut Christi und seine reinigende Wirkung so sehr betont, ist es hilfreich, den alttestamentlichen Hintergrund zu betrachten.

Gott wollte Ägypten für seine Auflehnung und die Anbetung heidnischer Götter richten. Im Zuge der letzten der zehn Plagen kündigte Gott die Vernichtung jeder ägyptischen Erstgeburt an. Die Israeliten würden verschont bleiben, wenn sie ganz bestimmte Anweisungen befolgten.

Am Tag vor der Heimsuchung befahl Gott den Israeliten, ein perfektes Lamm ohne Makel zu nehmen und sein Blut an die Pfosten ihres Hauses zu streichen. „Und sie sollten von dem Blut nehmen und es an die beiden Türpfosten und die Oberschwelle streichen an den Häusern, in denen sie es essen" (2. Mose 12,7). Und dies ist die Verheißung, die Gott ihnen gab:

Und ich werde in dieser Nacht durch das Land Ägypten gehen und alle Erstgeburt im Land Ägypten erschlagen. ... Aber das Blut soll für euch zum Zeichen an den Häusern werden, in denen ihr seid. Und wenn ich das Blut sehe, dann werde ich an euch vorübergehen. (Verse 12-13)

Daher wird das Fest, das an diese Begebenheit erinnert, *Passah* genannt – zu Deutsch: *vorüberschreiten* oder *vorübergehen*. Der Todesengel sollte jedes Haus verschonen, dessen Türpfosten mit Blut bestrichen war. Dieses Blut zeugte davon, dass ein Tier statt des erstgeborenen Sohnes der Familie hatte sterben müssen. Anders formuliert sagte Gott also: „Wenn ich das Blut sehe, werde ich vorbeigehen, weil ich weiß, dass ein Tier stellvertretend für die Erstgeburt geschlachtet wurde. Dies bewahrt die Bewohner des Hauses vor meinem Gericht."

Stellen wir uns einmal eine jüdische Familie vor, deren Erstgeborener sich gerade im Teenageralter befand, seinen Eltern sehr viel Kummer bereitete und ständig in Streit mit seinen

Geschwistern geriet. Befand sich das Blut an ihren Türpfosten, ging der Todesengel dennoch an ihrem Haus vorüber. Entscheidend war also nicht die etwaige Vorbildlichkeit der Familie, sondern einzig und allein das Blut.

Wir könnten noch einen Schritt weitergehen und annehmen, dass dieser Teenager richtig niederträchtig war und alle ägyptischen Altersgenossen in puncto Boshaftigkeit in den Schatten stellte. Zwar wären die Eltern in diesem Fall sehr zu bedauern, aber das Gericht Gottes müssten sie nicht fürchten. Gott sagt sinngemäß: „Ich richte mich nicht nach den Familienverhältnissen, sondern nur nach dem Blut."

Mit anderen Worten hatte das Blut an den Türpfosten rein gar nichts mit dem Lebensstil der jeweiligen Familie zu tun. Es klebte dort unabhängig von ihrer Frömmigkeit. Ob ein intaktes oder konfliktreiches Familienleben oder ein von Krankheit und Depression gezeichnetes – all das spielte keine Rolle. Das Blut war ihre Rettung.

Das kostbare Blut Christi

Und trotzdem war das Blut von Lämmern lediglich ein Symbol für das Blut Jesu, das wirklich die Kraft hat, uns von Schuld reinzuwaschen. Johannes der Täufer zeigte einmal auf Jesus und sagte: „Siehe, das Lamm Gottes, das die Sünde der Welt wegnimmt" (Johannes 1,29). Später im Neuen Testament heißt es an anderer Stelle, dass das Blut Jesu kostbar sei – eine Aussage, die wir in Bezug auf das Blut von Lämmern nirgendwo finden. Allein das Blut Jesu konnte stellvertretend unsere Schuld sühnen und uns mit Gott ins Reine bringen.

In Hebräer 9,12-14 heißt es in Abgrenzung zu den Opfern des Alten Testaments, dass das Blut Jesu *„euer Gewissen (reinigt) von toten Werken, damit ihr dem lebendigen Gott dient"* (Hervorhebung durch den Autor).

Reinigung „von toten Werken" – was genau bedeutet das? Was ist ein totes Werk? Damit sind wiederkehrende religiöse Rituale gemeint, die uns niemals reinwaschen und die Gewissheit der Vergebung vermitteln können. Die Bibel nennt sie „tote Werke", weil sie nutzlos sind und unser Gewissen kein bisschen reinigen können. Tote Werke sind kraftlos. Sie können uns weder erlösen noch befreien.

Erlöst von toten Werken

Der größte Fehler, den Menschen begehen können, ist der Versuch, ihr Gewissen mittels toter Werke reinzuwaschen. Sie bestehen darauf, in diesem Reinigungsprozess eine Rolle zu spielen und sich auf gewisse Weise scheinbar selbst zu erlösen. Natürlich ist es Gott, der ihnen hilft, aber am Ende meinen sie, doch selbst mitwirken zu müssen, um sicherzugehen, dass er auch zum Ziel kommt. Kein Wunder, dass ihr Augenmerk sehr stark auf der Vergangenheit liegt.

Aber in welcher Gestalt kommen diese toten Werke daher?

Die alttestamentlichen Opfer sind zum Beispiel solche toten Werke. Im Alten Testament waren sie den Israeliten befohlen, doch mit dem Kommen Christi entfiel ihre Notwendigkeit. Unter den Adressaten des Hebräerbriefes waren einige, die bei sich dachten: „Wir wissen nichts von diesem Jesus und der Lehre über sein Opfer am Kreuz, das ein für alle Mal unsere Erlösung erwirkt haben soll. Wir sollten also sicherheitshalber auf Tieropfer zurückgreifen." Doch diese Opfer waren tote Werke, unfähig, ihr Gewissen zu reinigen.

Die Eucharistiefeier ist ein totes Werk. Im Rahmen der Eucharistiefeier wird Jesus wieder und wieder geopfert, wodurch sein Werk als nicht vollkommen vollendet dargestellt wird. Der Hebräerbrief spricht von Menschen, die „für sich den Sohn Gottes wieder kreuzigen und dem Spott aussetzen" (Hebräer 6,6).

Ebenso wenig wie die Eucharistie vergangene Sünden tilgen kann, vermag sie auch keine Garantie für zukünftige Vergebung zu geben. Die Teilnehmer dieser Zeremonie verspüren vielleicht eine Zeit lang ein angenehmes Gefühl, doch die Gewissheit immerwährender Vergebung bleibt aus.

Taufe kann ein totes Werk sein. Ich habe bereits viele Menschen auf ihr Bekenntnis zu Jesus Christus hin getauft. Doch die Taufe ist ein Gehorsamsschritt eines an Christus gläubigen Menschen und kein Instrument der Erlösung. Leider glauben sehr viele, dass ihre Taufe (hauptsächlich die Kindertaufe) sie zu Christen mache und ihnen den Zugang zu Gott sichere. Doch auch sie haben in Wahrheit keine Gewissheit, dass ihre Beziehung zu Gott in Ewigkeit Bestand hat.

Ein Schuldbekenntnis kann ein totes Werk sein. Martin Luther bekannte täglich seine Sünden, ohne dass sein Gewissen wirklich zur Ruhe kam. Sein Beichtvater Johann von Staupitz war Luthers Beichten irgendwann so überdrüssig, dass er sinngemäß sagte: „Das nächste Mal komm gefälligst mit ordentlichen Sünden und nicht immer mit solchen Kavaliersdelikten. Zum Beispiel ein Mord oder so etwas Ähnliches."

Doch Luther war ein weitaus besserer Theologe als die meisten seiner Zeitgenossen. Er wusste, dass es nicht um die Schwere der einzelnen Sünde ging, sondern darum, ob man sie bekannte oder nicht. Sein Problem war die Tatsache, dass jeder Tag eine Menge neuer Sünden mit sich brachte, obwohl er die Sünden des Vortags, deren er sich bewusst gewesen war, einzeln und gewissenhaft bekannt hatte. Die Beichte verschaffte ihm also nur ein sehr kurzlebiges Gefühl der Erleichterung, das schlagartig verflog, sobald ihm eine frisch entstandene Schuld bewusst wurde. Das Bekenntnis an sich ist also kein taugliches Mittel zur dauerhaften Beruhigung des Gewissens.

Gute Werke können tote Werke sein. Es gibt Menschen, die sich karitativ betätigen, weil sie sich dann besser fühlen. Sie gehen davon aus, dass Gott wohlwollend auf sie herabschaut, die guten Werke gegen die bösen Taten abwägt und hoffentlich zu dem Ergebnis kommt, dass die guten Taten überwiegen.

Ein Freund von mir erzählte mir, dass seine Mutter ihn jedes Mal, wenn er nach Hause kam und unaufgefordert den Rasen mähte, argwöhnisch fragte: „Na, was hast du ausgefressen?" Mit anderen Worten: „Für welche Missetat tust du gerade Buße?" Manche Menschen wollen durch ihre guten Werke ihre Schuld wiedergutmachen. Doch so viele gute Werke wir auch anhäufen mögen – Gottes Waagschale wird sich keinen Millimeter zu unseren Gunsten bewegen.

Körperliche Strafen sind tote Werke. In manchen Kulturen wird die Selbstgeißelung bis zum Äußersten getrieben. Im Fernsehen sieht man manchmal, dass sich Menschen selbst geißeln, auspeitschen oder gar für eine kurze Zeit lang kreuzigen lassen – alles in der Hoffnung, dass Gott zu ihnen sagt: „Dein Opfer ist wirklich sehr schmerzhaft, und deine Mühen, die du um der Erlösung willen auf dich nimmst, beeindrucken mich aufrichtig. Deshalb werde ich dich annehmen."

Doch jegliche Form von scheinbarer Selbsterlösung lässt uns in Ungewissheit zurück und schürt das innere Verlangen nach mehr Strafe. Teenager (und auch Erwachsene) ritzen sich in der Relgel nicht, weil sie sich umbringen wollen, sondern weil sie sich von ihren Eltern, Gleichaltrigen oder anderen Menschen herabgewürdigt fühlen. Manche fühlen sich schuldig, einfach weil sie auf der Welt sind. Sie denken: „Ich muss gar nicht auf Gottes Gnadengeschenk hoffen. Vielmehr ist es folgerichtig, dass ich leiden muss. Denn immerhin habe ich das verdient, und deshalb wird Gott mich auch niemals annehmen."

Wiederum andere sagen: „Herr, heute solltest du mich wirklich segnen, weil ich eine sehr erfolgreiche Stille Zeit hatte." Oder vielleicht: „Herr, du solltest mich annehmen, weil ich nicht so schlecht bin wie andere. Weißt du überhaupt, Herr, was Herr oder Frau So-und-So getan hat? Also, besser als die bin ich auf jeden Fall, und du weißt am besten, wie sehr ich mich anstrenge, ein guter Mensch zu sein. Ich verspreche dir, dass ich mich anstrenge." Keine dieser inneren Haltungen ist wirklich hilfreich.

Wir sollten jeglichen Versuch der Selbsterlösung meiden. Meiner Meinung nach begehen viele Menschen den größten Fehler überhaupt, wenn sie sich im Gebet an Gott wenden, dabei aber den Blick nur auf ihr eigenes Leben richten und nach Dingen suchen, die sie in Gottes Augen wohlgefällig machen können. Erleichterung für unsere aufgescheuchten Seelen bringt das sicher nicht.

Doch ich habe eine gute Nachricht.

Das ein für alle Mal gültige Opfer

Wir müssen aus dem Hamsterrad der „guten Werke" aussteigen, wenn wir bleibenden Frieden mit Gott haben wollen. Und das geht nur, indem wir den Blick auf Jesus richten, dessen Opfer ein für alle Mal gültig ist und uns von der Last unseres Gewissens erlöst.

Die Überlegenheit Jesu gegenüber den Opfern des Alten Testaments wird auch aus folgenden Versen deutlich:

Und jeder Priester steht täglich da, verrichtet den Dienst und bringt oft dieselben Schlachtopfer dar, die niemals Sünden hinwegnehmen können. Dieser aber hat ein Schachtopfer für Sünden dargebracht und sich für immer gesetzt zur Rechten Gottes. Fortan wartet er, bis seine Feinde hingelegt sind als Schemel seiner Füße. Denn mit einem Opfer hat er die, die geheiligt werden, für immer vollkommen gemacht.
(Hebräer 10,11-14, Hervorhebung durch den Autor)

Das ist unmissverständlich. Dank Jesus ist das Werk vollbracht und vollständig. Der Schreiber des Hebräerbriefes stellt vier Aspekte heraus, in denen sich die alttestamentlichen Priester von Jesus als unserem Hohenpriester unterscheiden.

Die alttestamentliche Ära wurde durch das Neue Testament abgelöst.

1. Zu alttestamentlichen Zeiten arbeiteten mehrere Priester in Schichten von jeweils acht Stunden, während Jesus jetzt der einzig wahre Priester ist.
2. Im Gegensatz zu der Vielzahl der früheren Opfer hat Jesus sich selbst als das einzig wahre Opfer hingegeben.
3. Während die alttestamentlichen Priester standen (als Zeichen dafür, dass ihr Werk niemals vollendet wurde), setzte sich Jesus hin, weil er sein Werk vollendet hatte.
4. Früher brachten die Menschen ihre Opfer zum Tempel, während Jesus sich selbst als Opfer darbrachte, „das uns für immer vollkommen gemacht hat."

Das war es, was Martin Luther begreifen musste. Er musste verstehen, dass Gottes Werk allumfassend war und ihm somit die Gewissheit der ewigen Geborgenheit im Herrn geben konnte. Als ihm diese Wahrheit klar geworden war, musste er sich keine Sorgen mehr darüber machen, dass er es womöglich versäumt hatte, die eine oder andere Sünde zu bekennen. Indem er im Glauben an Jesus dessen Opfer angenommen hatte, war er für immer wiedergeboren worden. Nur das Opfer Jesu, nur sein kostbares Blut konnte bewirken, was „tote Werke" nie und nimmer bewirken können.

Freier Zugang zu Gott

Aber es geht noch weiter. Lassen Sie uns noch ein Stück weiterlesen. Dank des Opfers Jesu gilt uns folgende Verheißung: „Da wir nun, Brüder, durch das Blut Jesu Freimütigkeit haben zum Eintritt in das Heiligtum ..." (Hebräer 10,19). Und dieser freie Zugang ist elementar, denn nur in der Gegenwart Gottes findet Sündenvergebung statt.

Im Tempel gab es zwei heilige Bereiche. Der eine war das Heiligtum, zu dem alle Priester Zutritt hatten und in dem sich dreierlei befand: der Räucheraltar, der Schaubrottisch und der Leuchter. Doch den heiligen Bereich im Inneren, den Ort der Gegenwart Gottes, der als das Allerheiligste bezeichnet wurde, durfte nur der Hohepriester betreten, um dort das Blut für die Schuld des Volkes darzubringen.

Zu alttestamentlichen Zeiten durfte also nur eine Person an einem einzigen Tag im Jahr in die Gegenwart Gottes treten. Dagegen lesen wir in Hebräer 10,19, dass uns das Blut Christi „Freimütigkeit zum Eintritt in das Heiligtum" verleiht. Das umfasst sowohl das Heiligtum als auch das Allerheiligste, also den Ort der göttlichen Gegenwart.

Bitte machen Sie sich bewusst: Wenn wir auf der Grundlage des Blutes Jesu in die Gegenwart Gottes treten, sagt Gott sinngemäß: „Wenn du zu mir kommst, weil du dich im Glauben auf das Blut Jesu verlässt, bist du in meiner Gegenwart willkommen. Deine Sünden sind kein Hindernis mehr, denn sie trennen uns nicht mehr."

Es gibt noch weitere symbolträchtige Gegenstände im Tempel von Jerusalem, die wir in diesem Zusammenhang einmal näher betrachten sollten. Nehmen wir zum Beispiel den schweren Vorhang, der das Heiligtum vom Allerheiligsten trennte. Folgendes berichtet die Bibel uns von dem Moment, als Jesus seinen Geist in die Hände seines Vaters befahl und am Kreuz verschied: „Und siehe, der Vorhang zerriss in zwei Stücke, von oben bis unten" (Matthäus 27,51). Gott selbst war es, der ihn der Länge nach zerriss. Und er tat das, um zu zeigen, dass wir durch Christus nun freien Zugang zu Gott haben. Bisher hatte der Vorhang das gemeine Volk vom Allerheiligsten ferngehalten. Dank Jesu Opfer und seinem Blut, das er am Kreuz für uns vergoss, kann nun jedermann in die Gegenwart des allmächtigen Gottes treten.

Wir kommen also nicht zu Gott und sagen: „Nun, Herr, mal sehen, ob ich auch genug getan habe. Ich hoffe, du nimmst meine

Taten an. Bin ich gut genug? Schau dir meine Vergangenheit an. Schau dir meinen Hintergrund an."

Wir haben „einen großen Priester über das Haus Gottes, so lasst uns hinzutreten mit wahrhaftigem Herzen in voller Gewissheit des Glaubens" (Hebräer 10,21-22).

Wir können zu Gott kommen, weil er sagt: „Ihr könnt zuversichtlich vor mein Angesicht treten, wenn ihr es im Glauben an das Blut Jesu tut, weil es in meinen Augen unendlich kostbar ist. Und deshalb werde ich euch mit offenem Herzen empfangen."

Was bedeutet es genau, „die Herzen besprengt und damit gereinigt vom bösen Gewissen" zu haben? Wenn der alttestamentliche Priester die vorgeschriebenen Rituale im Tempel durchführte, besprengte er alle dort befindlichen Gegenstände mit Blut als Symbol der Reinigung. Vor diesem Hintergrund will der Schreiber des Hebräerbriefes also sagen, dass sich die reinigende Wirkung des Blutes Jesu ebenso auf unser Gewissen auswirkt.

Natürlich wird unser Gewissen nicht tatsächlich mit Blut besprengt, doch dank der Kraft des Blutes Christi können wir Befreiung von den Lasten unseres Gewissens erleben. Und was folgt daraus? „Lasst uns das Bekenntnis der Hoffnung unwandelbar festhalten – denn treu ist er, der die Verheißung gegeben hat" (Vers 23).

Der Weg zu einem reinen Gewissen

Depression, Hoffnungslosigkeit, Reue und überwältigende Schuld. Das Blut Christi garantiert uns, dass der allmächtige Gott uns bedingungslos annimmt – unabhängig von dem Ballast, den wir mitschleppen. So wie bei den Israeliten in Ägypten wischt Gott unsere Sünden fort, wenn er das Blut seines Sohnes erblickt. Und so können wir vor ihm stehen, ohne dass er uns verdammt.

Es mag sein, dass wir nach wie vor mit den gleichen sexuellen Versuchungen zu kämpfen haben. Oder vielleicht sind wir eine Beziehung eingegangen, die Gott nicht gefällt. Oder wir denken: „Ich bin einfach anders. Ich gehöre nicht dazu.“ Aber die gute Nachricht ist, dass wir alle gemeinsam unter dem Kreuz des Christus stehen. Solange wir allein auf die Kraft des Blutes Jesu vertrauen, dürfen wir mit Zuversicht und Freimütigkeit zu Gott zu kommen.

Es gab mal einen sehr bekannten Evangelisten, Bibellehrer und Dozenten, der auf seinem Sterbebett von Angst und Kummer geplagt wurde. Seine Freunde versuchten ihn zu beruhigen: „Denk doch an all das Gute, das du bewirkt hast. Du hast eine Bibelschule geleitet, hast viele Bücher geschrieben und vollmächtig gepredigt.“ Doch all diese gut gemeinten Beschwichtigungen brachten sein aufgewühltes Herz nicht zur Ruhe. Dann aber kam jemand, der ihn an etwas erinnerte, was er im Grunde genommen ja wusste: „Der einzige Grund, weshalb du überhaupt in die Gegenwart Gottes treten kannst, ist das Blut Christi. Und das genügt.“ Und plötzlich hatte dieser große Theologe wieder Frieden im Herzen und konnte in eben diesem Frieden heimgehen. Vergessen wir nie: Das Blut Jesu ist der einzige Grund, aus dem wir uns Gott nähern dürfen.

Lassen wir uns eines klarstellen: Wir dürfen ein freies und reines Gewissen zu haben, trotz der noch immer andauernden Folgen unserer Sünde. Einer jungen Frau ist ihr unmoralischer Lebenswandel vollständig vergeben, trotzdem muss sie die Konsequenzen einer ungewollten Schwangerschaft tragen.

Und ja, König David hatte Uria emordet, den Ehemann Batsebas – eben der Frau, zu der er eine außereheliche Beziehung unterhielt. Vergeblich versuchte er, sein sündiges Handeln zu vertuschen. Als er mit seiner Schuld konfrontiert wurde, räumte er sie vollständig ein und erlebte, wie Gott die Freude in sein Herz zurückkehren ließ. Doch unter den Konsequenzen seines Handelns hatte seine gesamte Familie noch immer zu leiden.

Als David seine Sünde bekannte, bat er um ein reines Gewissen und sagte: „Wasche mich, und ich werde weißer sein als Schnee“

(Psalm 51,9). Schmilzt man Schnee in einem Eimer, bleiben geringe Mengen Rückstände auf dem Grund des Gefäßes übrig, weil Schnee nie ganz sauber und rein ist. Deshalb bat David Gott darum, ihn „weißer" als Schnee zu waschen.

Dann betete er: „Lass mich Fröhlichkeit und Freude hören, so werden die Gebeine jauchzen, die du zerschlagen hast. ... Lass mir wiederkehren die Freude deines Heils" (Verse 10.14). Auf keinen Fall wollte er sein Wesen von dieser Sünde definieren lassen, und trotz des Dramas, das er angerichtet hatte, konnte er sich auf die Freude des Herrn einlassen.

Nun könnte man David entgegenhalten: „Nun aber mal langsam! Du verlangst von Gott, dass er dich wieder mit Freude erfüllt? Du hast deine Familie ruiniert. Die moralische Autorität, die du einst vor deinen Söhnen hattest, ist nun dahin, und vier sind bereits infolge deiner Sünde gestorben. Du kannst Batsebas Unschuld nicht wiederherstellen, und Uria, dessen Blut an deinen Händen klebt, wird ebenso wenig wieder lebendig. Und jetzt willst du dich wieder deines Herrn freuen?"

Wahrscheinlich würde David sinngemäß Folgendes antworten: „Zugegeben – ich habe ein furchtbares Durcheinander verursacht, doch Gottes Vergebung ist so umfassend und großartig, dass ich über den Gott meines Heils jubeln kann. Die Folgen meines Tuns können mich nicht davon abhalten zu glauben, dass Gott mich annimmt. Mein Gewissen verurteilt mich nun nicht mehr."

Es geht nicht um Gefühle, sondern um Glauben

Würde eine Fluggesellschaft jemals Passagieren den Zutritt in ein Flugzeug verweigern, weil diese sich unwürdig fühlen, Migräne haben oder soeben eine Sünde begangen haben? Das Einzige, was die Fluggesellschaft interessiert, ist die Frage, ob man ein gültiges Ticket besitzt oder nicht. Das Aufenthaltsrecht an

Bord des Flugzeugs ist unabhängig vom Lebenswandel der einzelnen Passagiere. „Ihr Ticket, bitte!"

Weder Lady Macbeth noch Sergeant Gliniewicz hätten sich umbringen müssen. Hätten sie gewusst, was Jesus für Sünder getan hat, und dieses Opfer für sich selbst in Anspruch genommen, hätten sie ihr Gewissen vor Gott ins Reine bringen können. Natürlich hätten sie sich den Folgen ihrer Verbrechen nach wie vor stellen müssen. Doch mit einem reinen Gewissen kann man auch den Spott und die Schmach der offenbar gewordenen Sünde besser ertragen.

Trotzdem ist das natürlich nicht leicht. Hätte Gliniewicz sich seinen Kameraden und den Medien offenbart, hätte ihn eine Gefängnisstrafe erwartet. Doch den Rest seines Lebens hätte er dann in einer lebendigen Beziehung zu Gott verbringen dürfen. So wie man dem Teenager, der meint, er habe alles vermasselt, entgegnet: „Nein, das hast du nicht." Gottes Vergebung kennt keine Grenzen, wenn jemand aufrichtig bereut und glaubt.

Die Grundvoraussetzung ist jedoch, dass wir so fest auf das vertrauen, was Jesus für uns getan hat, dass die Gefühle von Schuld, Wertlosigkeit und Hoffnungslosigkeit dagegen verblassen. Depression und Reue sind kein zuverlässiger Spiegel der Wirklichkeit. Unsere Gefühle wollen uns einreden: „Es gibt keine Hoffnung mehr! Du bist so verkorkst, dass es für alle besser wäre, wenn du deinem Leben ein Ende setztest." Das ist eine Lüge! Selbst der größte Sünder muss nicht im Selbstmord enden, wenn er Buße tut und in die Gegenwart Gottes tritt.

Wenn unsere Zeit hier auf der Erde gekommen ist, wird Gott uns rufen und zu sich holen. Er kennt unseren Namen und unsere Anschrift. Überlassen Sie ihm also die Entscheidung. Unsere Aufgabe ist es vielmehr, uns diesen Lügen entgegenzustellen und unser Gewissen neu zu justieren. Ein beladenes Gewissen bringt Unglauben, Angst, Sorgen und Hoffnungslosigkeit hervor. Ein bereinigtes Gewissen hingegen führt zu innerer Gewissheit, Frieden und Hoffnung.

Wie gut, dass es keine Sünde gibt, die, wenn wir sie vor Gott bringen, nicht vergeben werden kann. Betrachtet man die zahlreichen neutestamentlichen Verheißungen in Bezug auf das Heil, so fällt auf, dass nirgendwo bestimmte Sünden wegen ihrer besonderen Schwere ausgeklammert werden. Für Gott ist nicht so sehr die Schwere der Schuld entscheidend, sondern vielmehr die Bereitschaft des Sünders, die gute Nachricht des Evangeliums für sich in Anspruch zu nehmen.

Diese Lektion habe ich im Laufe der Zeit gelernt und vertieft. In Zeiten äußerster Verzweiflung, in denen ich gefühlt wirklich alles vermasselt habe, ist es elementar wichtig, mich auf die folgende Wahrheit zu besinnen: „Herr, ich bin so dankbar, dass das Blut deines Sohnes die Grundlage meiner Erlösung ist, und ich nehme die Reinigung und Vergebung durch dieses Blut für mich in Anspruch."

Ich will mich einer Aussage des Bürgerrechtlers Dr. Martin Luther King bedienen, die er einmal in einem anderen Zusammenhang machte. Wer die Wahrheiten verstanden hat, die wir in diesem Kapitel herausgearbeitet haben, der kann sagen: „Endlich frei! Endlich frei! Dem allmächtigen Gott sei Dank, ich bin endlich frei!"

Wir können so ziemlich alles ertragen, wenn Gott unser Gewissen reingewaschen hat. Ein reines Gewissen lässt uns nicht nur ruhig schlafen, sondern auch besser leben.

Eine Bibelstelle zum Nachdenken

Da wir nun, Brüder, durch das Blut Jesu Freimütigkeit haben zum Eintritt in das Heiligtum, den er uns eröffnet hat als einen neuen und lebendigen Weg durch den Vorhang – das ist durch sein Fleisch –, und einen großen Priester über das Haus Gottes, so lasst uns hinzutreten mit wahrhaftigem Herzen in voller Gewissheit des Glaubens, die Herzen besprengt und damit gereinigt vom bösen Gewissen und den Leib gewaschen mit reinem Wasser. (Hebräer 10,19-22)

Weiterführende Fragen zur Vertiefung

Statt uns diesmal mit weiterführenden Fragen zu befassen, wollen wir die folgende Passage als Gebet formulieren, die den Inhalt des Erarbeiteten noch einmal zusammenfasst:

Lieber Herr Jesus, hab Dank dafür, dass du gestorben und von den Toten auferstanden bist, um mein Heil zu bewirken. Ich nehme das Werk, das dein Blut vollbracht hat, für mich persönlich in Anspruch. Ich gebe dir meine Vergangenheit, die ich nicht ändern kann. Ich bringe dir die Sünden, die ich begangen habe und die man an mir begangen hat.

Ich trete in deine Gegenwart mit der tiefen Gewissheit, dass ich bei dir willkommen und angenommen bin. Der Anklage meines Gewissens und meiner inneren Rastlosigkeit stelle ich mich bewusst entgegen. Ich danke dir, dass dein Werk vollkommen, ein für alle Mal gültig und allumfassend ist. Ich danke dir, dass du mich hörst und annimmst.

Deine Verheißungen sind stets meine Freude und meine Hoffnung.

In Jesu Namen, Amen.

5

DIE WAHRHEIT, DIE SCHMERZT UND HEILT

Auf diesem Erdenball gibt es nur einen Weg, der zum Glück führt:
Entweder man hat ein reines Gewissen oder gar keins.
Ogden Nash, amerikanischer Humorist

Ich hörte einmal die Geschichte eines Kokainabhängigen aus New York, der sich selbst an einen Heizkörper kettete, um nicht dem Drang nachgeben zu können, sich neues Kokain zu besorgen. Doch irgendwann gelang es ihm offensichtlich, ein Stück vom Heizkörper herauszubrechen, an dem er hing. Und so ging er mit Metall im Schlepptau auf der Straße auf der Suche nach dem nächsten Schuss. Diese etwas bizarre Aktion kommentierte er mit den Worten: „Kokain hat eine Stimme, und wenn sie ruft, muss ich gehen."

Kokainabhängigkeit ist nicht die einzige Abhängigkeit mit „Stimme". Genauso verhält es sich mit Alkoholismus, Spielsucht, Pornografiesucht und anderen sexuellen Abhängigkeiten. Es ist schwer, ein reines Gewissen und gleichzeitig einen Schatten auf unserem Herzen zu haben, der uns daran erinnert, dass wir mit unbesiegter Sünde und immer wiederkehrendem Scheitern leben.

Ich mache mir keine Illusionen, dass jemand nur durch das Lesen dieses Kapitels von seiner Sucht befreit wird, denn ganz sicher ist dieses Bollwerk zu mächtig. Dennoch möchte ich den Weg zum Sieg aufzeigen, den man in solch einem Kampf erringen kann. Der Weg dahin ist hart – aber er lohnt sich.

Das Wesen der Abhängigkeiten

Es gibt viele Bücher über den Kampf gegen Abhängigkeiten und Süchte. Ich will es jedoch bei fünf Beobachtungen belassen, und ich bete dafür, dass sie ein wenig Licht ins Dunkel dieses Teufelskreislaufs bringen und einen Ausweg aus der Finsternis aufzeigen.

Zunächst möchte ich betonen, wie wichtig Erbarmen ist. Was Abhängige am wenigsten gebrauchen können, ist, dass ihnen noch mehr Schuldgefühle aufgeladen werden. Ihr belastetes Gewissen signalisiert ihnen ohnehin schon, dass sie sich keine Hoffnung auf die rettende Leiter machen müssen, auf der ihnen die Flucht aus ihrem dreckigen Loch gelingen könnte. Sie müssten Kapitel 4 dieses Buches lesen, in dem es darum geht, dass Gott uns allein auf der Grundlage des Blutes Jesu annimmt und nicht wegen unserer eigenen Bemühungen, ein anständiges Leben zu führen.

Abhängige müssen erfahren, dass Gott ihnen in ihrem Kampf zur Seite steht. Natürlich brauchen sie auch die Unterstützung von Freunden und eventuell Fachleuten, doch in erster Linie ist es Gott, der ihnen beisteht, sie akzeptiert und ihrer Anbetung würdig ist. Gottes helles Licht strahlt in ihre dunkle Welt hinein. Deshalb muss am Anfang immer Erbarmen stehen.

Zweitens steht jeder von uns in der Gefahr, von irgendetwas abhängig zu werden. Im Leben eines jeden Menschen gibt es etwas, das er mehr liebt, als es gut wäre. Der Prophet Hesekiel sagte über das Volk Israel, dass sie „ihre Götzen in ihrem Herzen (haben) aufkommen lassen und den Anstoß zu ihrer Schuld vor ihr Gesicht gestellt" haben (Hesekiel 14,3). Manche Abhängigkeiten sind offensichtlich und allseits bekannt, manche hingegen bestehen eher subtil im Verborgenen. Statt festzustellen, wer abhängig ist und wer nicht, sollten wir Süchte als Kontinuum betrachten und uns vielmehr bewusst machen, dass jeder Mensch mit Sünde zu kämpfen hat. Wir sind alle noch auf dem Weg, und niemand kann behaupten, das Ziel erreicht zu haben. Selbst die, die bereits im Licht leben, neigen dazu, sich wieder in die finsteren Ecken zurückzuziehen.

Fast jede US-amerikanische Familie hat Erfahrung mit Süchten. Wir sollten uns also nichts vormachen, sondern demütig zum desolaten Zustand unserer gefallenen Natur und unserer Neigung zu Abhängigkeiten stehen. Wer seine Bedürftigkeit einräumt, macht den ersten Schritt auf dem Weg der Heilung.

Drittens: Gnade geht nicht durch geschlossene Türen. Dieser Satz ist ein bisschen schwer zu verstehen. Beim Lesen dieser Aussage fragen Sie sich vielleicht schon, warum Sie so sind, wie Sie sind, und warum es keine Hoffnung auf Besserung zu geben scheint. Wenn dem so ist, dann kann ich Ihnen versichern, dass Gott Ihnen nicht den Rücken zukehrt. Mit ausgebreiteten Armen steht er vor Ihnen.

Früher war ich so naiv zu glauben, dass Menschen sich von ihren Abhängigkeiten lösen können, wenn man ihnen nur sagt, was sie tun sollen. Denn die Agenda war ja recht simpel: Lerne einschlägige Bibelverse auswendig, führe dir die entsprechenden biblischen Prinzipien vor Augen, bete und gib dich Gott ganz hin. Geh nach Hause, beherzige diese Ratschläge, und du wirst frei werden! Doch im Laufe der Jahre erkannte ich, wie tief eingefahren die Muster sündigen Verhaltens sind. Und die Erklärungen des menschlichen Herzens reichen tief. Entschuldigungen gibt es viele. Wir alle tragen blinde Flecken in unserem Inneren. Jeder von uns muss gegen seine Neigung ankämpfen, die Wahrheit zu vertuschen. Wir müssen mit unserer Sünde vor Gott kommen und guten Freunden, denen wir vertrauen, das Recht zubilligen, in unser Leben hineinzusprechen.

Viertens: Süchte haben diverse Ursachen. Wer in einer Familie mit Suchtdisposition aufgewachsen ist und dort Erfahrungen mit Alkoholismus, Drogen oder unmoralischen Lebensformen gemacht hat, neigt vermutlich eher dazu, selbst abhängig zu werden. Selbst wenn dann eine Abhängigkeit mühevoll überwunden wurde, kann es vorkommen, dass sie einfach durch eine andere ersetzt wird. Oder ein Freund oder eine Freundin in der Schule oder bei der Arbeit hat Sie mit Drogen, Alkohol oder Pornografie in Kontakt gebracht. Zunächst wird das Leben durch die Sucht scheinbar besser, bevor es dann aber schlimmer wird – viel schlimmer.

Was auch immer die Ursache sein mag: Das wahre Problem ist jedoch das menschliche Herz. Jemand hat einmal zutreffend formuliert, dass *eine Sucht das illusorische Versprechen einer Flucht in eine bessere Welt* ist. Der Abhängige betritt eine Welt lustvoller Erfahrungen, die ihm Versprechungen macht wie Gott, doch am Ende abkassiert wie der Teufel.

Fünftens: Es gibt unzählige Streichhölzer, die Abhängigkeiten entflammen können. Das Internet mit seiner unbegrenzten Zugriffsmöglichkeit auf pornografisches Material hat uns auf eine Art und Weise angreifbar gemacht, die es vor zwanzig Jahren noch nicht gab. Und natürlich gibt es auch andere Abhängigkeiten, die wir online füttern können. Man kann okkulte Videospiele spielen, sich dem Glücksspiel hingeben oder mit großer Selbstverständlichkeit und Beliebigkeit mit potenziellen Partnern anbändeln. Die Liste möglicher Sünden, deren Tür uns das Internet öffnet, ist endlos.

Dementsprechend mehr Raum gewinnt auch das verborgene Leben eines Abhängigen. Er lebt für das Gefühl der Euphorie, das ihm die Stunden verleihen, die er alleine mit seiner Lieblingsfreizeitbeschäftigung verbringen kann. Der Verfall seines Innenlebens ist verborgen hinter einer Maske von Normalität und aufgesetzter Fröhlichkeit. Erst wenn das Innenleben so übermächtig wird, dass es nach außen dringt, fällt auch die Außenfassade in sich zusammen.

Wir alle neigen zur Selbsttäuschung. Wir *wollen* förmlich getäuscht werden. Abhängigkeit kann man auch als das „verblendende und einnehmende Wesen der Sünde" bezeichnen. Ein abhängiger Mensch hat keinen Blick für die Auswirkungen seiner Sünde auf sein Umfeld. Sie verblendet ihn bis zur Verleugnung der Folgen, die sie für ihn persönlich und für seine Zukunft hat. Wenn Abhängigen in einem lichten Moment das ganze Ausmaß ihres verhängnisvollen Weges bewusst wird, werden diese Gedanken schleunigst verdrängt, ignoriert und aus dem Bewusstsein verbannt. Und so befassen sich Abhängige ausschließlich mit ihrer Bedürfnisbefriedigung und befinden sich demzufolge in einem Zustand ständiger Euphorie und scheinbarer Sorglosigkeit ungeachtet ihrer an sich desolaten Situation. Sie leben nach dem Motto: „Ich schlage in die Hand des Teufels ein. Um die Konsequenzen kümmere ich mich später."

Information und Aufklärung mögen hilfreich sein. Doch vielmehr brauchen wir jemanden, der uns aus diesem Moloch herauszieht. Jesus muss die Bühne unseres Lebens betreten.

Befreit durch den Sohn

Zur Macht der Sünde und zum Weg in die Freiheit hatte Jesus sehr viel zu sagen. Der folgende Wortwechsel fand statt, als Jesus einmal zu einer großen Menge sprach:

> *Wenn ihr in meinem Wort bleibt, so seid ihr wahrhaft meine Jünger; und ihr werdet die Wahrheit erkennen, und die Wahrheit wird euch frei machen. Sie antworteten ihm: Wir sind Abrahams Nachkommenschaft und sind nie jemandes Sklaven gewesen. Wie sagst du: Ihr sollt frei werden? Jesus antwortete ihnen: Wahrlich, wahrlich, ich sage euch: Jeder, der die Sünde tut, ist der Sünde Sklave. Der Sklave aber bleibt nicht für immer im Haus; der Sohn bleibt für immer. Wenn nun der Sohn euch frei machen wird, so werdet ihr wirklich frei sein. (Johannes 8,31-36)*

Lassen Sie uns diese Passage einmal etwas genauer unter die Lupe nehmen.

Jesus wandte sich in dieser Situation an zwei verschiedene Gruppen von Adressaten. Zum einen sprach er die wahren Gläubigen an (beispielsweise seine Jünger), und diesen galt die Aufforderung, in seinem Wort zu bleiben und dadurch zu Jüngern zu werden. So würden diese Jünger die Wahrheit erkennen und durch sie zur Freiheit gelangen.

Doch ebenfalls anwesend war eine weitaus größere Gruppe, die aus ungläubigen Juden bestand, welche sich durch die Worte Jesu angegriffen fühlten. Deshalb verteidigten sie sich mit folgendem Hinweis: „Wir sind Abrahams Nachkommenschaft und sind nie jemandes Sklaven gewesen." Man hört förmlich zwischen den Zeilen, wie sie Jesus die Worte vor die Füße schleuderten in der Hoffnung, dass er auch wirklich verstand, worauf sie hinauswollten. Sie fühlten sich derart angegriffen, dass sie Jesus sinngemäß fragten: „Was glaubst du eigentlich, wen du hier vor dir hast? *Wovon* sollten wir uns denn bitteschön befreien lassen?"

Zu Jesu Zeiten war Sklaverei an der Tagesordnung. Jedermann wusste, dass ein Sklave ein allgemeines Handelsgut war, das man kaufen, verkaufen und tauschen konnte. War ein Sklave heute noch hier, konnte er am nächsten Tag bereits wieder verschwunden sein. Vor diesem Hintergrund sagte Jesus Folgendes: „Jeder, der in Sünde lebt, ist automatisch ihr Sklave. Der Sklave bleibt nicht immer in ein und demselben Haushalt. Aber der Sohn bleibt für immer." Was für eine eindrückliche Veranschaulichung der Thematik „Sünde". Doch Jesus setzt noch eines hinzu: „Wenn nun der Sohn euch frei machen wird, so werdet ihr wirklich frei sein."

Hier lang Richtung Freiheit

Es folgen nun drei Wahrheiten darüber, wie wir von der Macht der unbesiegten Sünde erlöst werden können.

Sich selbst erkennen

Wir müssen unser eigenes Herz kennen und uns eingestehen, dass wir uns nur allzu gerne selbst betrügen. Die selbstgerechten Pharisäer verkündeten (man kann den Stolz in ihrer Stimme förmlich hören), dass sie niemals Sklaven der Sünde gewesen seien: „Wir sind Gerechte. Wir gehen zum Tempel. Wir halten das Gesetz. Mehr kann man doch wohl nicht verlangen." Ihre Selbstgerechtigkeit versperrte ihnen den Zugang zur göttlichen Gnade. Sie weigerten sich, ihre Selbstgerechtigkeit zu bekennen und aufzugeben.

Hüten wir uns davor, die Augen vor unserer eigenen geistlichen Bedürftigkeit zu verschließen. Wir sind moralisch labiler, als wir meinen. Oder formulieren wir es anders: Überschätzen wir nicht unsere Fähigkeit, den Kreislauf des Versagens durch unser eigenes Wollen oder eine neu entwickelte Strategie zu durchbrechen. In ihrem Buch *The Last Addiction* („Die letzte Abhängigkeit") schreibt die Autorin, die selbst einmal Alkoholikerin war: „Dieses großartige und unaussprechliche Geschenk der Abhängigkeit diente dazu, mich eines zu lehren: *Ich kann mich nicht aus eigener Kraft befreien. Ich muss mich befreien lassen*"[12] (Hervorhebung durch den Autor).

Lesen Sie darüber nicht leichtfertig hinweg. Die Autorin macht hier deutlich, dass die eigentliche Abhängigkeit der Irrglaube ist, wir könnten prekären Situationen aus eigenem Antrieb entkommen – schlicht und einfach durch Willenskraft, Auswendiglernen von Bibelversen, gute Vorsätze oder Anpassung unseres Verhaltens. *Wer sich selbst in Schwierigkeiten gebracht hat, kann sich auch selbst wieder davon befreien.* Diese Vorstellung ist Illusion.

Kürzlich unterzog ich mich einem Belastungstest. Der Arzt schickte mich auf ein Laufband und gab mir die folgenden Worte mit: „Zuerst werden Sie mit der Geschwindigkeit des Laufbandes Schritt halten können. Doch am Ende ziehen Sie den Kürzeren.

---

12   Sharon Hersh, *The Last Addiciton,* WaterBrook, Colorado Springs 2008, S. 13

Denn das Laufband wird gewinnen." Die ersten drei Minuten dachte ich noch: *Das läuft doch eigentlich ganz gut. Es ist nicht mehr als ein zügiger Spaziergang.* Doch nach weiteren drei Minuten erhöhte der Arzt zunächst die Steigung und dann das Tempo. Ich muss zugeben, dass das Laufband tatsächlich gewann. Und es wird immer Sieger bleiben.

Halten wir also eines fest: Im Grunde genommen ist eine Abhängigkeit nichts anderes als eine Unterordnung unter Götzen. Im Endeffekt geben wir uns den falschen Göttern hin. Und die Behauptung, dass wir uns selbst aus der Macht dieser Götter befreien könnten, ist schlicht und ergreifend ein Märchen. Die Sünde sitzt tiefer, und der Teufel ist stärker. Die Möglichkeit, sich selbst aus einer Abhängigkeit zu befreien, ist eine Lüge, die wir nur allzu gerne glauben wollen – aber sie ist und bleibt eine Lüge. Und genau das ist die *eigentliche* Abhängigkeit.

Satans Taktik durchschauen

Der Austausch zwischen Jesus und den Juden entwickelte sich sehr bald zu einer hitzigen Debatte. Jesus war stets sanftmütig, es sei denn, er bekam es mit selbstgerechten Menschen zu tun. Die Juden beriefen sich auf ihren Stammesvater Abraham, weshalb Jesus ihnen scharf entgegnete: „Ich weiß, dass ihr Abrahams Nachkommen seid; aber ihr sucht mich zu töten, weil mein Wort nicht Raum in euch findet. Ich rede, was ich bei dem Vater gesehen habe; auch ihr nun tut, was ihr von eurem Vater gehört habt" (Johannes 8,37-38).

Sie wiesen darauf hin, dass Abraham ihr Vater sei. Doch Jesus war anderer Ansicht: „Ihr seid aus dem Vater, dem Teufel, und die Begierden eures Vaters wollt ihr tun. Jener war ein Menschenmörder von Anfang an und stand nicht in der Wahrheit, weil keine Wahrheit in ihm ist. Wenn er die Lüge redet, so redet er aus seinem Eigenen, denn er ist ein Lügner und ein Vater derselben" (Vers 44).

Natürlich sollten *wir* uns anderer Vokabeln bedienen, wenn wir Menschen von Jesus erzählen! Doch Jesus musste diese

Aufschneider an dieser Stelle mit der Realität konfrontieren. Im Gespräch mit Menschen, die tief in Sünde steckten und sich dessen sehr wohl bewusst waren, wählte er seine Worte selbstverständlich viel behutsamer. Doch diese selbstgerechten Kerle wollten die Wahrheit über ihre Situation gar nicht hören, sondern griffen sich Steine, um Jesus damit zu töten (Vers 59). Entscheidend war, dass sie die Lügen des Teufels der Wahrheit Jesu vorzogen.

Der Teufel bedient sich grundsätzlich zweier Lügenbotschaften. Den Juden, die gegen Jesus eingestellt waren, log er jeweils vor: „Du bist ein rechtschaffener Mensch. Du gehst zum Tempel. Du bist kein Trunkenbold. Du lässt dich nicht mit Prostituierten ein. Du gibst deinen Zehnten und setzt alles daran, das Gesetz zu halten. Mach nur weiter so, dann hast du nichts zu befürchten." Doch das war eine Lüge. Denn nach Gottes Maßstab hatten sie sehr wohl etwas zu befürchten.

Für diese fehlgeleiteten und selbstgerechten Menschen gab es nur einen Ausweg: Sie mussten ihre eigene Sündhaftigkeit erkennen und das göttliche Rettungsangebot in Jesus ergreifen. Und dafür war es nötig, dass Gott ihre selbst gewählte Blindheit fortnahm und ihnen den wahren Zustand ihres Herzens offenbarte. Das Gleiche muss Gott auch bei uns tun, weil wir von Natur aus zur Selbsttäuschung neigen. Aus diesem Grund sagte Jesus einmal, dass die Prostituierten und Zöllner eher in das Himmelreich eingehen werden als die selbstgerechten Pharisäer (siehe Matthäus 21,31-32).

Doch Satan hat noch eine andere Lüge auf Lager, mit der er uns irrezuführen versucht. Denjenigen, die ehrlich nach einem Ausweg aus ihrer Sucht suchen, ist sie wie auf den Leib geschrieben: „Du wirst dich niemals ändern, und außerdem bist du nichts wert. Keiner liebt dich. Als Mensch bist du wertlos. Schau dir doch deine Vergangenheit an. Was denken die Leute von dir? Haben sie Achtung vor dir? *Nein!* Bist du ein Verlierer? *Ja!* Völlig zu Recht hasst du dich selbst, weil du weißt, wer du bist. Völlig zu Recht schneidest du dir aus Wut die Pulsadern auf. Völlig zu Recht bist du magersüchtig, um dir zu beweisen, dass du dein Leben unter Kontrolle hast."

Solche Gedanken kommen von Satan, und wir müssen uns ihm und seinen Botschaften entgegenstellen. Wir können ihnen widerstehen durch das Wort Gottes (so wie Jesus es in der Wüste tat), durch Gebet und durch Gemeinschaft mit anderen Christen, durch gesunde Beziehungen und Verbindlichkeit. Jesus bezeichnete den Teufel als den größten und ersten aller Lügner. Daher ist es an uns, die Lügen Satans zu erkennen und ihnen den Glauben zu verweigern.

Gott (er)kennen

Wir müssen jedoch nicht nur erkennen, wie wir selbst sind und was Satan vorhat; es ist vor allem wichtig, dass wir Gott erkennen. Er ist barmherzig und gnädig. Er beschenkt uns mit seiner Gegenwart und begleitet uns selbst in die dunkelsten Winkel unserer Seele. Er lädt uns ein, ihm die Türen zu öffnen und sein Licht hineinscheinen zu lassen, um eingefahrene, quälende und lange verborgen gehaltene Muster aufzudecken. So schlagen wir Gottes Wege ein, die er mit uns gehen will.

Der Freiheit entgegen

Hier sind ein paar Hinweise, die uns auf dem Weg in die Freiheit hilfreich sein können:

Wir können uns nicht selbst befreien

Ich habe es schon einmal betont: Wir können uns nicht selbst befreien. Wir müssen uns vielmehr befreien lassen. „Ihr werdet die Wahrheit erkennen, und die Wahrheit wird euch frei machen" (Johannes 8,32). Und noch eindringlicher sind die Worte in Vers 36: „Wenn nun der Sohn euch frei machen wird, so werdet ihr wirklich frei sein." Jesus muss die Bühne unseres Lebens betreten, wenn wir wirklich frei werden wollen.

Vor vielen Jahrhunderten schrieb König David: „Beharrlich habe ich auf den Herrn geharrt, und er hat sich zu mir geneigt und mein Schreien gehört. Er hat mich heraufgeholt aus der Grube des Verderbens, aus Schlick und Schlamm; und er hat meine Füße auf Felsen gestellt, meine Schritte fest gemacht. Und in meinen Mund hat er ein neues Lied gelegt, einen Lobgesang auf unseren Gott. Viele werden es sehen und sich fürchten und auf den Herrn vertrauen" (Psalm 40,2-4).

Als David in der Grube saß, sagte Gott nicht zu ihm: „Hier hast du eine Schaufel, David. Sieh zu, wie du da wieder herauskommst." Warum nicht? Wer versucht, sich selbst mithilfe einer Schaufel aus einer Grube zu befreien, gräbt das Loch nur noch tiefer. Da hilft alle Entschlossenheit nichts, auch nicht, wenn wir uns selbst einreden, dass wir das schon schaffen werden. Ich kann Ihnen versichern, dass Sie es nicht schaffen *können* und deshalb auch nicht schaffen *werden*.

Ich bin auf einem Bauernhof groß geworden. Daher lernte ich schon früh, dass ein Pferd zwar alleine in einen Sumpf hineingeraten, aber nicht alleine wieder herausklettern kann. Man braucht einen Traktor und ein Seil, um das Tier herauszuziehen.

Kein Mensch braucht Hilfe von außen, um einer Sucht zu verfallen. Denn in die Grube hineinfallen können wir alleine. Vielleicht entgegnen Sie: „Ich bin aber nicht gefallen, sondern wurde gestoßen." Ob gewollt oder ungewollt: Wer in einer tiefen Grube sitzt, muss gerettet werden. Gott kommt zu Ihnen in Ihre Grube. Er wirft Ihnen nicht nur ein Seil hinunter. Stattdessen ruft er Ihnen zu: „Ich selbst komme jetzt zu dir in dieses sumpfige Loch. Ich werde dich aufheben, auf festen Grund stellen, dich sicheren Fußes gehen lassen und ein neues Lied in deinen Mund legen."

Jesus kam in diese finstere Welt, um uns zu retten. Und dabei steht es weit schlimmer um uns, als wir dachten. Jesus kam, um das für uns zu tun, was wir niemals selbst hätten bewerkstelligen können.

Unser Kampf lässt die Gnade noch heller strahlen

Vor einiger Zeit lernte ich im Flugzeug zwei Ex-Junkies kennen. Noch vor dem Start kam ich schon mit einem der beiden ins Gespräch. Er erzählte mir seine Geschichte. Er arbeitet jetzt für die Organisation, die ihm seinerzeit dabei geholfen hatte, von Alkohol und Drogen loszukommen. In ihrer Einrichtung leben ungefähr 200 Abhängige, die dort einer geregelten Tätigkeit nachgehen. Auch sein Freund, der in der Reihe vor uns saß, beteiligte sich an unserer Unterhaltung.

„Wovon waren Sie denn abhängig?", wollte ich von den beiden wissen. Und beide berichteten so ziemlich dasselbe: „Es begann alles mit Marihuana, dann folgten Heroin und Alkohol ... Na ja, es gibt wohl nichts, was ich nicht ausprobiert habe."

Die Hilfsorganisation schaffte vor allem den äußeren Rahmen, damit diese beiden Männer von ihrer Sucht loskommen konnten. Doch wodurch wurde letztlich die Veränderung ihrer Herzen bewirkt? Die Antwort lautet: Es war die Gnade Gottes. Diesen Männern war genau bewusst, dass sie auf Gnade angewiesen waren, weitaus mehr als jenen Moralaposteln, die denken, keiner Gnade zu bedürfen, weil sie ja ach so korrekt und aufrecht leben. Diese Männer bezeugten, dass sie einzig von Gottes Bereitschaft, sie trotz ihrer Sünde und Verbrechen zu lieben und anzunehmen, motiviert worden waren, sich verbindlich und nachhaltig helfen zu lassen. Und obwohl sie bereits zwei Jahre lang ohne die Sucht lebten, waren sie sich bewusst, dass sie jederzeit rückfallgefährdet waren.

Jesus ging hart ins Gericht mit Menschen, die sich in ihrer Selbstgerechtigkeit gefielen und meinten, keine Gnade nötig zu haben. Doch denen, die ihre Bedürftigkeit erkannten, zeigte er den Weg zu Vergebung und Reinigung auf und brachte sie durch seine heilige Gegenwart zurecht. Es war der allseits verhasste Zöllner, der gerechtfertigt nach Hause gehen durfte, während der

Selbstgerechte sich in seiner Finsternis selbst überlassen blieb, die er überhaupt nicht wahrnahm (Lukas 18,9-14).

Diese beiden ehemaligen Süchtigen bezeugten, dass sie gelernt hatten, Gott auch inmitten ihrer Kämpfe für seine Liebe zu danken. Die Gewissheit, dass sie jederzeit zu Gott kommen können und dass er sie immer willkommen heißt, gab ihnen die Freiheit, offen mit ihrer Bedürftigkeit umzugehen und gesunde Beziehungen zu knüpfen, die etwas von der wahren Freiheit ahnen ließen.

In seinem Buch *Redemption: Freed by Jesus from the Idols We Worship and the Wounds We Carry* (Befreiung: Wie Jesus uns von unseren Götzen und unseren Verletzungen befreit) berichtet Mike Wilkerson von seinen Versuchungen durch Pornografie:

Ich erinnere mich an diese entscheidenden Momente, in denen ich mich fragte, ob ich klicken sollte oder lieber nicht. Dann war es, als würde mir der Heilige Geist auf die Schulter tippen. Ich wusste es doch eigentlich besser. Und ich wusste auch, was besser war als das hier. Der Friede der Gegenwart Gottes war um Längen besser als der schnelle pornografische Kick. Doch in diesem Moment wollte ich es nicht glauben. Ich schüttelte die Hand von meiner Schulter, und ein Schauer durchlief meinen Körper, als meine Hand nach der Maus griff.

Trotzdem war Gott mir auch in solchen Momenten nicht fern. Vielmehr war er sehr präsent, um mir meine Sünde bewusst zu machen. Doch ich, (...) ich verriet den Frieden Gottes um des Friedens willen, den ich mir von der Sünde erhoffte. (...) Er hatte mir den Ausweg gezeigt – seine Gegenwart – doch ich ignorierte ihn (...). Bei vollem Bewusstsein verhärtete ich mein Herz durch meinen Unglauben. (...) Und trotzdem stand er mir offen, der Ausweg. Seine Gegenwart war schließlich meine Rettung."[13]

---

13 übersetzt nach: Mike Wilkerson, *Redemption: Freed by Jesus from the Idols We Worship and the Wounds We Carry*, Wheaton, Crossway, 2011, S. 169

Seine Gegenwart war meine Rettung! Natürlich gab es zwischendurch auch immer mal wieder eine Niederlage, doch entscheidend für diesen Mann und auch für uns ist letztlich die Frage, ob wir auf die Gnade Gottes vertrauen und seinen Fluchtweg beschreiten wollen. „Keine Versuchung hat euch ergriffen als nur eine menschliche; Gott aber ist treu, der nicht zulassen wird, dass ihr über euer Vermögen versucht werdet, sondern mit der Versuchung auch den Ausgang schaffen wird, so dass ihr sie ertragen könnt" (1. Korinther 10,13).

Nur wenn wir die Gegenwart Gottes höher schätzen als unsere Realitätsflucht in die Welt der Süchte, werden wir die Kraft aufbringen, um *nein* sagen zu können. Oder anders ausgedrückt: Wir werden Frieden finden, wenn unsere Sehnsucht nach Gott größer ist als unsere Sehnsucht nach Sünde. Diese Lektion muss jeder von uns lernen. Nicht nur Suchtkranke.

In meiner Gemeinde gibt es einen speziellen Kurs für Männer, die Hilfe auf dem Gebiet der Pornografie suchen. Dieser Kurs heißt „5:8" – in Anlehnung an Matthäus 5,8: „Glückselig, die reinen Herzens sind, denn sie werden Gott schauen." Der Wunsch, Gott zu schauen und ihm zu gefallen, ist eine wirksame Motivation, um die Finsternis hinter sich zu lassen.

Laufen Sie nicht vor Jesus weg, sondern ihm entgegen

Das ist vermutlich die wichtigste Erkenntnis auf unserer Suche nach Reinheit unseres Gewissens. Wenn wir gesündigt haben und die Last der Schuld mit uns herumtragen, neigen wir dazu, vor Jesus wegzulaufen. Wir wollen die Distanz zum Herrn so groß wie möglich halten. Es gab Menschen, die mir entgegneten: „Ich kann mich auf Gott gerade gar nicht einlassen. Irgendwann einmal, wenn ich mein Leben in den Griff bekommen habe, werde ich reinen Tisch machen. Na ja, zumindest ein bisschen. Dann werde ich mich um Gott kümmern." Welch schwerwiegender Fehler.

Einmal kam eine Frau zu mir in die Seelsorge, die eine Affäre mit einem Mann hatte. Später sagte sie mir, dass die Bindung an diesen Mann so stark gewesen war, dass sie allein bei der Vorstellung, ich würde ihr zur Trennung raten, das Gefühl gehabt habe, sterben zu müssen.

Während des seelsorgerlichen Gesprächs fragte ich sie: „Wen lieben Sie mehr: Gott oder diesen Mann?" Einen Augenblick lang dachte sie nach, und dann nahm sie all ihre Kraft zusammen und antwortete: „Gott." Später erfuhr ich von ihr, dass sie sich in diesem Moment gesagt hatte: „Ich werde nicht sterben ... Ich werde es überleben."

Dies war der Anfang eines schmerzlichen Trennungsprozesses, durch den sie sich aus dieser sündigen Beziehung löste, die eine so starke seelische Bindung erzeugt hatte – so mächtig, aber auch so einladend und erfüllend.

Auch mitten im Sturm der Versuchung brauchen wir immer wieder den Fokus auf das Blut Christi und auf die Gewissheit, dass wir ihm gehören und in ihm vor Gott gerechtfertigt sind. Darauf müssen wir uns berufen, wenn die Versuchung uns um den Verstand zu bringen scheint, und uns anschließend selbst fragen: „Wer bin ich als Tochter oder als Sohn Gottes, dass ich ernsthaft in Erwägung ziehe, etwas zu tun, was meinen Gott betrübt?"

Wir müssen bereit sein, unseren „Ballast" in der Gegenwart Jesu auszubreiten und zuzulassen, dass er uns hilft, unsere Vergangenheit hinter uns zu lassen und mit ihm einer besseren Zukunft entgegenzugehen.

Zur Zeit der Reformation gab es einen Komponisten namens Martin Arcola, der auch an einer protestantischen Schule unterrichtete. Dieser Mann schrieb einmal Folgendes: „Obwohl meine Sünden zahlreicher sind als die Haare auf meinem Haupt, die Grashalme auf dem Erdboden, die Blätter an den Bäumen, die Sandkörner am Meeresufer, die Wassertropfen in den Ozeanen und die Sterne am Firmament, will ich trotzdem nicht verzweifeln. Ich will mich vielmehr auf den großartigsten aller Schätze stürzen – auf die überwältigende Gnade und Barmherzigkeit des lebendigen Gottes."[14]

Damit sagte er sinngemäß: „Lauf zu Jesus! Geh nicht, sondern lauf!"

Zu Beginn von Johannes 8 wird von einer Frau berichtet, die man beim Ehebruch ertappt hatte. Daraufhin schleiften einige Männer sie zu Jesus, um dem Mann, der von sich behauptete, Sünden vergeben zu können, etwas anzuhängen. Diesen selbstgerechten religiösen Führern war die Frau im Grunde genommen gleichgültig. Viel wichtiger war es ihnen dagegen, Jesus in eine Falle zu locken: „Lehrer, diese Frau ist auf frischer Tat beim Ehebruch ergriffen worden. In dem Gesetz aber hat uns Mose geboten, solche zu steinigen. Du nun, was sagst du?" (Johannes 8,4-5).

Die Antwort, die Jesus ihnen gab, begeistert mich. Nachdem er eine Zeit lang mit dem Finger auf die Erde geschrieben hatte, erhob er sich und sagte: „Wer von euch ohne Sünde ist, werfe als Erster einen Stein auf sie" (Vers 7). Mit anderen Worten: „Sicher, ihr alle beachtet das Gesetz, und wenn ihr noch nie eine vergleichbare Sünde begangen haben solltet, könnt ihr euch ein paar Steine nehmen und sie damit bewerfen."

Dann bückte er sich erneut und schrieb wieder auf die Erde, um seinen Worten Zeit zu geben, den Anklägern der Frau die Schamesröte ins Gesicht zu treiben und ihre Herzen zu überführen.

Johannes schreibt weiter: „Als sie aber dies hörten, gingen sie, einer nach dem anderen, hinaus, angefangen von den Älteren; und er wurde allein gelassen mit der Frau, die in der Mitte stand" (Vers 9). Sie alle gingen fort, angefangen mit den Älteren, die sicherlich die größte Schuldenlast angesammelt hatten.

Und danach lesen wir: „Jesus aber richtete sich auf und sprach zu ihr: Frau, wo sind sie? Hat niemand dich verurteilt? Sie aber

---

14 übersetzt nach: Roland Bainton, *The Reformation of the Sixteenth Century*, The Beacon Press, Boston 1952, S. 159

sprach: Niemand, Herr. Jesus aber sprach zu ihr: Auch ich verurteile dich nicht. Geh hin und sündige von jetzt an nicht mehr!" (Verse 10-11).

Für diese Frau wendete sich ihre Sünde zum Guten! Dasselbe gilt für jeden Suchtkranken, der im Verborgenen unter seiner Abhängigkeit leidet. Sharon Hersh, Autorin des Buches *The Last Addiction*, spricht vom „großartigen und unaussprechlichen Geschenk der Abhängigkeit."[15] Die Ehebrecherin in Johannes 8 war absolut unfähig, sich selbst zu helfen und dem Kreislauf der Sünde zu entkommen. Doch die Gegenwart Jesu bewirkte ihre Heilung. Sie war gefangen, um sich retten zu lassen.

Die Schriftgelehrten und Pharisäer (Johannes 8,3), die sie ergriffen hatten, waren ebenso gefangen. Doch sie verließen Jesus und hielten an ihren makellosen Masken der Selbstgerechtigkeit, Selbsttäuschung und Arroganz fest. „Wir mögen uns zwar in ähnlicher Weise schuldig gemacht haben, aber nie im Leben werden wir das zugeben und Jesus bitten, uns frei zu machen!" – das war ihr Credo.

Was für ein Kontrast. Der schuldbewusste Sünder hört die Worte Jesu: „Deine Sünden sind dir vergeben. Geh hin und sündige von jetzt an nicht mehr!" Die Selbstgerechten jedoch gehen auf Abstand und schlagen sich an die Brust: „Wir haben keine Probleme mit Abhängigkeiten. Absolut keine!" Und dementsprechend verurteilen sie alle, die mit Sex, Süchten oder anderen Problemen zu kämpfen haben. Die Selbstgerechten erkennen nicht, wie bedürftig sie sind. Sofort fällt ihnen der Splitter im Auge des anderen auf, doch den Balken im eigenen Auge nehmen sie nicht wahr.

Jesu Botschaft an mich und an Sie lautet so: „Trittst du in meine Gegenwart, sei es auch mit viel Ballast aus Scham und Schuld, werde ich in dein Leben kommen und dir die Erlösung schenken, die du brauchst."

---

15   Sharon Hersh, a. a. O., S. 13

Die beiden Männer im Flugzeug, die früher einmal selbst suchtkrank gewesen waren, arbeiten nun für die Organisation, die ihnen einst den Weg aus der Abhängigkeit aufzeigte. Sie sind ein lebender Beweis dafür, dass es mit einem reinen Gewissen möglich ist, die Verzweiflung hinter sich zu lassen und Hoffnung und Perspektive zu gewinnen. Zusammen mit dem Apostel Paulus, der vor seiner Bekehrung Christen ermordet hatte, können sie bezeugen: „Denn unser Rühmen ist dies: das Zeugnis unseres Gewissens, dass wir in Einfalt und Lauterkeit Gottes, nicht in fleischlicher Weisheit, sondern in der Gnade Gottes gewandelt sind in der Welt" (2. Korinther 1,12).

Ein reines Gewissen befähigt und motiviert uns, Gott in Freimütigkeit und mit Freuden zu dienen. So lautet das Bekenntnis aller begnadigten Sünder von Beginn der Menschheitsgeschichte an. Und es kann das Bekenntnis jedes Menschen werden, der Gottes Gnade aufrichtigen und demütigen Herzens annimmt.

Eine Bibelstelle zum Nachdenken:

Kommt her zu mir, alle ihr Mühseligen und Beladenen! Und ich werde euch Ruhe geben. Nehmt auf euch mein Joch, und lernt von mir! Denn ich bin sanftmütig und von Herzen demütig, und ihr werdet Ruhe finden für eure Seelen. (Matthäus 11,28-29)

Weiterführende Fragen zur Vertiefung:

Fragen Sie sich einmal: „Bin ich bereit, mein Leben der Gnade Gottes und der Rechenschaft vor anderen Christen auszusetzen, um den Kreislauf der Sünde zu durchbrechen und endlich so zu sein, wie Gott mich haben will?" Falls Ihre Antwort *nein* lautet, sollten Sie sich weiter fragen, was Gott in Ihrem Leben tun müsste, um den Leidensdruck auf das notwendige Maß zu erhöhen. Bejahen Sie diese Frage jedoch, lade ich Sie jetzt ein, Zeit im Gebet zu verbringen und Gott um Hilfe dabei zu bitten, ihm Ihr Herz ganz zur Verfügung zu stellen. Nehmen Sie sich Zeit, Möglichkeiten zu durchdenken, wie Sie vor Gott und anderen ausreichend transparent sein können, um die Hilfe und Ermutigung zu erhalten, die notwendig ist, um die entsprechenden Veränderungen in Ihrem Leben nachhaltig zu bewirken.

6

DAS LICHT UND SEINE HEILENDE WIRKUNG

Ein reines Gewissen ist ein sanftes Ruhekissen.
Sprichwort

Im Jahre 2012 wurde Andy Ramirez, ein Mitarbeiter der Transportsicherheitsbehörde TSA, überführt, am Flughafen in Florida ein iPad gestohlen zu haben. Ramirez wusste nicht, dass in dem geklauten iPad ein Peilsender eingebaut war, durch den die Ermittler das Gerät problemlos orten konnten. Als diese also vor seinem Haus rund fünfzig Kilometer vom Flughafen entfernt auftauchten, war er gelinde gesagt überrascht. Was sich dann jedoch abspielte, lässt tief ins Innere der menschlichen Natur blicken.

Die Frage, ob er wisse, wo sich das iPad befinde, verneinte er. Sogar mehrfach. Mithilfe der modernen Technik lösten die Ermittler einen Alarm aus und forderten Ramirez auf, im Haus nach der Ursache zu forschen. Ein paar Augenblicke später tauchte er zusammen mit seiner Frau wieder im Türrahmen auf und überreichte den Ermittlern kleinlaut das gewünschte Gerät. Auf die Frage, wie denn das iPad vom Flughafen in sein Haus gelangt sei, reagierte er wie Adam, als Gott ihn im Garten Eden auf die verbotene Frucht ansprach. Unbegreiflicherweise antwortete Ramirez: „Meine Frau sagt, sie habe es mitgebracht ... Keine Ahnung, woher sie es hat." Man kann sich den Streit lebhaft vorstellen, der ausbrach, nachdem die Ermittler den Rückzug angetreten hatten!

Wenn ein Ehemann oder eine Ehefrau den Verdacht hegt, dass der Partner fremdgeht, wird ab und zu ein Privatdetektiv bemüht, der den vermeintlichen Ehebrecher beschatten soll. In solchen Fällen ist es bemerkenswert, wie nachhaltig Tatsachen abgestritten werden und wie intensiv manipuliert und mit Schuldzuweisungen („Du vertraust mir nicht!") operiert wird. Eher beschuldigen die Übeltäter die ganze Welt, als dass sie die eigene Fassade der Unschuld fallen lassen. Erst wenn sie die Aufnahmen einer Überwachungskamera vorgespielt bekommen, räumen sie das eigene Fehlverhalten ein, versuchen aber gleichzeitig, ihr Handeln zu rechtfertigen oder die Schuld kleinzureden.

Vor einigen Jahren besaß ich noch zwei Aktentaschen, wovon ich eine im Alltag nutzte und die andere ausschließlich auf Reisen, vor allem auf Flugreisen. Während eines Fluges verteilten die Flugbegleiter in Frischhaltefolie eingewickelte Schinken-Käse-Brötchen. Da ich keinen rechten Hunger verspürte, steckte ich das Brötchen in meine Tasche in der Absicht, es später zu essen.

Einige Wochen später (Sie ahnen schon, worauf die Geschichte hinausläuft) registrierte ich beim Betreten meines Büros einen üblen Geruch, fand jedoch nicht heraus, woher er kam. Als ich dann irgendwann meine Sachen für eine anstehende Flugreise zusammenpackte, öffnete ich meine Aktentasche und entdeckte das Brötchen. Sie können sich den Zustand eines Schinken-Käse-Brötchens nach wochenlanger Lagerung bei Zimmertemperatur sicherlich lebhaft vorstellen.

Im übertragenen Sinne kennen wir alle solche Situationen. Wir nehmen unsere Sünde, verpacken sie gut, verstecken sie und denken, dass niemand sie je bemerken wird. Doch irgendwann fängt sie ganz sicher an zu stinken, unabhängig davon, wie sicher das gewählte Versteck auch sein mag. Denn unser Gewissen erinnert uns immer daran, dass *die Sünde da ist*. Und unsere kritisch-defensive Haltung, die Oberflächlichkeit unserer Beziehungen und unsere Bereitschaft zu weiteren Vertuschungssünden zeugt auch nach außen hin von ihrer Existenz. Dieses im Schrank verborgene iPad raubt uns den inneren Frieden. Oder anders gesagt: Unser Gewissen erinnert uns an das verschimmelte Brötchen in unserer Aktentasche.

Manche Menschen ziehen alle Register, um ihr Gewissen zum Schweigen zu bringen. Vergeblich widmen sie sich dem hoffnungslosen Unterfangen, die schwere Last ihrer Schuld irgendwie abzuschütteln. Sie denken gar nicht daran, ihre Sünde ans Tageslicht zu bringen, und genau deshalb berauben sie sich der heilenden Wirkung des Lichts.

Dieses Kapitel soll eine Einladung sein, alle unsere Schränke zu öffnen, die gestohlenen iPads hervorzuholen und Frieden mit unserer Vergangenheit zu schließen. Gott begleitet uns in jede dunkle Ecke unseres Lebens, durchflutet sie mit seinem Licht und einer Brise frischer Luft, die uns in Erinnerung ruft, wie wohltuend ein reines Gewissen ist.

Unterschiedliche Arten von Finsternis

Nicht alle Menschen, die sich in ihrer Finsternis eingerichtet haben, sind unehrlich. Manchmal verbergen sie einfach nur Erinnerungen an Missbrauch in der Kindheit oder persönlichen Schmerz. Ich kenne eine Frau (nennen wir sie einmal Rahel), die in einem scheinbar intakten christlichen Elternhaus aufwuchs. Ihr Vater war ein geachteter Sonntagsschullehrer in der Gemeinde. Im Verborgenen missbrauchte er seine Tochter jedoch regelmäßig sexuell und zwang sie, sich in kaltes Wasser zu legen. Er warnte sie, dass sie, würde sie ihn verraten, dafür büßen müsse. In sein brutales Verhalten mischte sich eine demonstrative Milde, sobald es um die Gemeinde oder um die Bibel ging. Er verlangte von Rahel, ihm Kirchenlieder vorzusingen, und überhäufte sie mit Geschenken. Im Grunde genommen diente das als Schweigegeld, mit dem er sich ihre Loyalität erkaufte. Rahels Mutter bekam davon anscheinend nichts mit. Und so kam Rahels Vater Nacht für Nacht in ihr Zimmer und nötigte ihr diverse Sexualpraktiken ab.

Irgendwann zog Rahel dann von zu Hause aus, und nach einigen Beziehungen heiratete sie. Doch sie konnte sich nicht sexuell auf ihren Mann einlassen und war völlig deprimiert und auch wütend. Ursprünglich hatte sie sich vorgenommen, mit niemandem über ihre Vergangenheit zu sprechen. Doch jetzt behandelte sie ihren Mann derart geringschätzig, dass die Situation aufgrund ihrer haltlosen Anklagen gegen ihn eskalierte. In der Vergangenheit war ihr Vater an ihr schuldig geworden, und nun wurde sie selbst schuldig an ihrem Mann.

Als der Schmerz so massiv wurde, dass sie es schlichtweg nicht mehr aushielt, vertraute sie sich schließlich ihrem Mann an und erzählte ihm die ganze Geschichte, um ihm den Grund für ihr Verhalten verständlich zu machen. Daraufhin nahmen beide seelsorgerliche Hilfe in Anspruch und machen seitdem gute Fortschritte in ihrer Ehe. Rahel hat verstanden, wie wichtig es ist, dass unsere Finsternis ans Licht kommt, weil die Dunkelheit aus sich selbst heraus kein Licht hervorbringen kann. Und diese Lektion müssen wir alle lernen.

Der Mann, der fremdgegangen war, musste ins Licht treten, um seinem Betrug ein Ende zu setzen. Rahel musste ins Licht treten, um sich dem furchtbaren Tun ihres Vaters und ihrem eigenen sündigen Verhalten ihrem Ehemann gegenüber zu stellen. Obwohl die Geschichten denkbar unterschiedlich sind, haben sie eines gemein: Nur das Licht kann Heilung bringen.

Die Prämisse dieses Kapitels lautet: Die Wahrheit tut weh, aber Lügen schmerzen noch mehr. Deshalb ist es nötig, aus der Finsternis heraus und ins Licht zu treten, wo wir Vergebung,

Versöhnung und Heilung finden. Nur die in der Gegenwart Gottes offenbar gewordene Wahrheit kann wirklich frei machen.

Dennoch muss man sich bewusst machen, dass es Menschen gibt, die sich niemals dem Licht aussetzen werden. Sie sind so selbstzufrieden, so selbstgenügsam und so überzeugt von ihrem rechtschaffenen Lebenswandel, dass sie keine Notwendigkeit für Veränderung sehen. Sie verwechseln Finsternis mit Licht und versuchen, sich so gut es geht durchs Leben zu mogeln. „Der Weg der Gottlosen ist wie das Dunkel; sie erkennen nicht, worüber sie stürzen" (Sprüche 4,19).

Immer wieder stolpern sie, versuchen sich aufzurappeln und gehen einfach weiter. Sie geben sich zufrieden mit ihrer inneren Leere, ihrer vergeblichen Suche nach Zufriedenheit und ihren zerbrochenen Beziehungen. Der bloße Gedanke daran, ins Licht zu treten, macht ihnen dagegen Angst.

Ins Licht treten

Jesus formulierte es einmal so: „Dies aber ist das Gericht, dass das Licht in die Welt gekommen ist, und die Menschen haben die Finsternis mehr geliebt als das Licht, denn ihre Werke waren böse. Denn jeder, der Arges tut, hasst das Licht und kommt nicht zu dem Licht, damit seine Werke nicht bloßgestellt werden; wer aber die Wahrheit tut, kommt zu dem Licht, damit seine Werke offenbar werden, dass sie in Gott gewirkt sind" (Johannes 3,19-21).

Welch elementare Bedeutung dem Licht doch zukommt!

Ein Geschäftsmann wandte sich einmal an seinen Pastor, klagte ihm am Telefon sein ganzes Leid und bat ihn, sofort zu ihm zu kommen. Als der Pastor eintraf, war der Mann an seinem Schreibtisch zusammengebrochen und weinte so bitterlich, dass er zunächst gar nicht sprechen konnte. Zuerst befürchtete der Pastor, dass seine Frau oder vielleicht eines seiner Kinder gestorben sei. Doch als der Mann seine Fassung wiedergefunden hatte, sagte er Folgendes: „Gott hat mir soeben den Zustand meines Herzens gezeigt. Mir war, als hätte ich einen Blick in die Hölle geworfen."

Welche Sünden hatte dieser Mann begangen? Mord? Ehebruch? Raubüberfälle? Nein, nichts dergleichen. Aber er hatte ein paar Kontodaten zugunsten seines Unternehmens gefälscht. An sich handelte es sich um keine großen Summen, schätzungsweise ein paar hundert Dollar über die Jahre verteilt. Nichts, was nicht für die meisten Geschäftsleute zum Alltagsgeschäft gehört, denn solche kleinen kosmetischen Änderungen gehören zu den üblichen Gepflogenheiten. Die Sünde dieses Mannes war also vergleichsweise unspektakulär. Klein und unspektakulär, so dachte auch er selbst – *bis zu dem Moment, in dem er Gott sah!*

Die Gegenwart des Allmächtigen erstickt jeden Rechtfertigungsversuch im Keim. Keine Sünde ist gering. Jede Übertretung ist „Chefsache". Nur an unserem eigenen Maßstab gemessen erscheint uns unsere Sünde nicht so schwerwiegend. Doch in der Gegenwart Gottes sehen wir uns, wie wir wirklich sind, nicht, wie wir gerne wären. Es gibt einen wesentlichen Unterschied zwischen oberflächlicher Reue und echter Buße: Erstere entsteht dadurch, dass Menschen uns enttarnen, Letztere dadurch, dass Gott selbst uns überführt.

Rebellion gegen das Licht

Auf unserem Bauernhof hatten wir einen modrigen Keller, in den wir Kinder uns nur mit Taschenlampen hineintrauten. Wenn wir die Lampe anknipsten, flitzten sämtliche Asseln und Spinnen in die Risse im Putz oder unter die Schuttreste. Das Dunkel des Kellers war die einzige Umgebung, in der sich das Ungeziefer wohlfühlte. Genau so empfinden wir die Dunkelheit auch manchmal als sicheren Rückzugsort, an dem wir keine peinlichen Enthüllungen fürchten müssen.

Es gibt eine Faustregel: Je größer die Schuld, desto stärker die Rebellion gegen das Licht. In seinen Schriften sprach Martin Buber vom „unheimlichen Versteckspiel im Inneren der Seele, bei dem sich jede einzelne menschliche Seele selbst meidet, sich ausweicht und sich vor sich selbst versteckt."[16]

Sicherlich ist der Weg ins Licht immer schmerzhaft, doch die heilende Wirkung des Lichts ist jeden Schmerz wert. Denn im Licht wird mein falsches Ich enttarnt, muss ich erkennen, wie ich bin, und darf Bekanntschaft mit der grenzenlosen Gnade Gottes machen. Entweder flehen wir Gott um Vergebung unserer Schuld an, oder wir fliehen vor dem Licht und flüchten uns in den vermeintlichen Schutz der Dunkelheit.

Das Licht enttarnt unser wahres Ich

Entfernt man sich vom Schein einer Straßenlampe, wird der eigene Schatten länger und länger – so lang, dass er schließlich verblasst. Tritt man wieder näher an die Lichtquelle heran, verkürzt sich der Schatten wieder, bis er schließlich verschwindet. Wir sollten uns diese Analogie gut merken: Wollen wir einen realistischen Blick auf uns selbst werfen, müssen wir ins Licht der Gegenwart Gottes treten, das in seinem Wort zu finden ist. Dort sind menschliche Maßstäbe wie unsere Errungenschaften, die Meinungen anderer oder unsere eigenen Überzeugungen vollkommen irrelevant. Dort stehen wir in der Gegenwart des Einen, der uns kennt und liebt. „Denn einst wart ihr Finsternis, jetzt aber seid ihr Licht im Herrn. Wandelt als Kinder des Lichts" (Epheser 5,8).

Machen wir uns bewusst, dass die Menschen, die eine Begegnung mit dem lebendigen Gott hatten, immer demütig und tief beeindruckt von der Tiefe ihrer Schuld daraus hervorgingen. Denken wir an Hiob, der sich über den Allmächtigen beklagte und ihn für die Schicksalsschläge verantwortlich machte, die ihn getroffen hatten. Doch als er Gott sah, sagte er: „Siehe, zu gering bin ich! Was kann ich dir erwidern? Ich lege meine Hand auf meinen

---

16 übersetzt nach: Martin Buber: *Good and Evil*, Scribner's, New York 1953, S. 111

Mund. Einmal habe ich geredet, und ich will nicht mehr antworten, und zweimal, und ich will es nicht wieder tun. ... Vom Hörensagen hatte ich von dir gehört, jetzt aber hat mein Auge dich gesehen. Darum verwerfe ich mein Geschwätz und bereue in Staub und Asche" (Hiob 40,4-5; 42,5-6).

Jesaja hatte eine Vision von Gott und verkündete anschließend: „Wehe mir, denn ich bin verloren. Denn ein Mann mit unreinen Lippen bin ich, und mitten in einem Volk mit unreinen Lippen wohne ich. Denn meine Augen haben den König, den Herrn der Heerscharen, gesehen" (Jesaja 6,5). Als Petrus Jesus als den Christus erkannt hatte, sagte er: „Geh von mir hinaus! Denn ich bin ein sündiger Mensch, Herr" (Lukas 5,8). Wer ins Licht der Gegenwart Gottes tritt, wird von der Erkenntnis überwältigt, dass im Herzen des Menschen nichts als Finsternis wohnt.

Wenn ich allerdings die Existenz dieser dunklen Seite hartnäckig leugne, die so wenig liebenswürdig scheint, kann ich nicht im Licht wandeln. Denn das Licht verträgt sich nicht mit Unaufrichtigkeit. „Wenn wir sagen, dass wir Gemeinschaft mit ihm haben, und wandeln in der Finsternis, lügen wir und tun nicht die Wahrheit" (1. Johannes 1,6). Wenn ich aber die wahrgenommene Finsternis bekenne, vergibt mir Gott in seiner Gnade. Das meinte Johannes, als er schrieb: „Wenn wir aber im Licht wandeln, wie er im Licht ist, haben wir Gemeinschaft miteinander, und das Blut Jesu, seines Sohnes, reinigt uns von jeder Sünde" (Vers 7).

Bedenken wir, dass ein Chirurg nur schneidet, um zu heilen. Auf Schmerz folgt Segen, aus Wunden werden Narben und das Falsche verblasst im Licht der Wahrheit. Licht macht *offenbar*, aber es *heilt* auch.

Das Licht bewirkt ein ehrliches Bekenntnis

Erinnern wir uns uns noch einmal daran, wer Gott ist. „Dies ist die Botschaft, die wir von ihm gehört haben und euch verkündigen:

dass Gott Licht ist, und gar keine Finsternis in ihm ist" (1. Johannes 1,5). Gott ist pures Licht, purer Glanz und pure Heiligkeit. Sein Licht ist so vollkommen, dass es unvereinbar ist mit Sünde. Unreinheit und Sünde hasst er, weil keine Finsternis in ihm ist – nicht das kleinste bisschen.

Hier könnte man nun einwenden: „Aber wie hilft mir dieses Wissen, wenn ich auf der Suche nach einem reinen Gewissen bin? Gottes Heiligkeit bewirkt eher, dass ich davonlaufen und mich verstecken will."

Denken wir diesen Gedanken ein wenig weiter.

Ja, Gott ist pures Licht, von niemandes Hand geschaffen. Wie aber können wir diese Kluft zwischen uns und Gott überwinden, diese Kluft zwischen Licht und absoluter Finsternis? Wir wissen, dass Gottes Heiligkeit kompromisslos ist, denn er ist Licht und wird immer Licht sein.

Dank Jesus konnte Johannes den Christen Folgendes schreiben: „Wenn wir unsere Sünden bekennen, ist er treu und gerecht, dass er uns die Sünden vergibt und uns reinigt von jeder Ungerechtigkeit" (1. Johannes 1,9).

Johannes begann mit den Worten: „Wenn wir unsere Sünden bekennen." Der Begriff „bekennen" bedeutet an dieser Stelle, Gott recht zu geben oder einer Meinung mit ihm zu sein. Vom griechischen Original her müsste man wörtlich übersetzen: „Dasselbe sagen wie Gott." Wenn wir unsere Schuld bekennen, sollen wir jede einzelne Sünde benennen, die Gott uns bewusst gemacht hat. Gott fordert, dass wir die Sünden eingestehen, auf die er uns aufmerksam macht. Bekennen ist eine geistliche Disziplin, die unsere Beziehung zu Gott wiederherstellt.

Folgende Begebenheit aus einem primitiven Stamm ist uns überliefert: Eine Frau klaubte ihre Schmutzwäsche zusammen, verknotete sie zu einem transportablen Bündel und begab sich zum Fluss, um sie zu waschen. Dort tummelten sich bereits andere Frauen, die ebenfalls ihre Wäsche wuschen. Nun war es der Frau plötzlich sehr peinlich, ihre Schmutzwäsche vor den Augen der anderen Frauen auszubreiten. Kurzerhand nahm sie das Kleiderbündel, tauchte es ein paar Mal in das Flusswasser und eilte wieder nach Hause.

So verhalten sich auch manche Christen, wenn sie ihre Sünden bekennen: „Okay, Herr, ich hab's vermasselt." Jemand, der seine Sünde so bekennt, bekennt nicht wirklich. Denn ein Sündenbekenntnis besteht aus zwei Komponenten. Es geht nicht nur darum, Gott darin zuzustimmen, dass unsere Sünde falsch ist. Wir müssen Gott auch das Recht einräumen, sie für immer aus unserem Leben zu entfernen, und ihn schließlich darum bitten.

Ein Bekenntnis beinhaltet Buße. Es ist eine sich Gott unterordnende Haltung, die aus unserem Innersten spricht: „Was auch immer du sagen wirst, Gott, werde ich für mich annehmen. Ich bekenne dir meine Sünden, jede einzelne für sich, sobald du sie mir bewusst machst. Und ich gebe dir vollkommen recht, dass diese Sünden aus meinem Leben verschwinden müssen."

Echtes Bekennen der Schuld geht deutlich über ein allgemeines „Herr, vergib mir meine Schuld" hinaus. Wir sollen konkret werden: „Herr, ich habe meinen Arbeitgeber hintergangen. Vergib mir." Darauf folgt: „Herr, hilf mir, das wieder in Ordnung zu bringen, weil ich mit solch einem belasteten Gewissen nicht weiterleben will. Ich gebe dir in allem recht."

Oder: „Ich belüge meinen Ehepartner. Hilf mir, einen Ausweg aus diesem Lügengeflecht zu finden und den Betrug zu beenden." Dies ist ein Gebet, das Unterordnung ausdrückt. „Ich gebe dir recht, Herr."

Oder: „Du hast recht, Herr, ich führe eine sexuell unreine Beziehung. Ich habe immer wieder versucht, mein Handeln zu rechtfertigen, doch ich möchte dir Ehre bringen. Ich stimme dir zu, Herr, dass das, was ich tue, Sünde ist. Und du, Herr, hast das Recht, diese Beziehung für immer zu beenden. Ich will mit meinem falschen Tun ans Licht treten, und deine Gnade wird mir durch diesen Prozess hindurchhelfen."

Im Licht nehmen wir Vergebung an

Auf das Bekenntnis folgt die Verheißung aus 1. Johannes 1,9: „Er ist treu und gerecht, dass er uns die Sünden vergibt." Wir können uns darauf verlassen, dass wir Vergebung erhalten, denn Gott ist vertrauenswürdig. Er spricht die Wahrheit. Es steht so in seinem Wort. Also müssen wir es glauben und empfangen.

Eine Frau sagte einmal zu mir: „Pastor Lutzer, ich hatte eine Abtreibung, und das kleine Mädchen wäre jetzt fast drei Jahre alt, wenn ich es nicht abgetrieben hätte. Jedes Mal, wenn ich in die Stadt gehe und ein Mädchen dieses Alters sehe, werde ich von dieser Schuld überwältigt."

„Haben Sie Ihre Schuld jemals bekannt?", wollte ich von ihr wissen.

„Ungefähr tausendmal", entgegnete sie.

Mit ihrem tiefen Schmerz und Bedauern drückte diese Mutter jedoch nur eines aus: „Gott ist *nicht* treu und gerecht, dass er uns die Schuld vergibt." Sie war gefangen in einem ewigen Kreis des Bekennens, der Schuld, des Bekennens, der Schuld – und diese Kette hatte kein Ende. Genau aus diesem Grund ist der letzte Teil des Verses aus 1. Johannes 1,9 so wichtig. „Wenn wir unsere Sünden bekennen, ist er treu und gerecht, dass er uns die Sünden vergibt *und uns reinigt von jeder Ungerechtigkeit.*"

Diese Frau musste nicht nur die Vergebung Gottes, sondern auch seine *Reinigung* in Anspruch nehmen – dieses individuelle Werk Gottes, das er im menschlichen Herzen vollbringt.

Es war gar nicht notwendig, dass sie sich jedes Mal beim Anblick eines kleinen, dreijährigen Mädchens dem Schmerz der Vergangenheit hingab. Sie tat dadurch im Grunde so, als sei Gott nicht gerecht und treu, weil er ihr nicht vergab. Sie musste lernen, Gottes verheißene Vergebung für sich in Anspruch zu nehmen: „Herr, danke für deine Vergebung. Ich danke dir, dass meine Sünde keine Macht mehr über mich besitzt. Dir gebe ich die Ehre dafür, dass diese Schuld nicht mehr zwischen dir und mir steht, und ich nehme diese Tatsache für mich persönlich in Anspruch."

Wie König David nach seinem Ehebruch mit Batseba musste auch sie bekennen: „Glücklich der, dem Übertretung vergeben, dem Sünde zugedeckt ist! Glücklich der Mensch, dem der Herr die Schuld nicht zurechnet und in dessen Geist kein Trug ist" (Psalm 32,1-2).

Wenn wir unsere Sünden bekennen, wirft Gott sie in die Tiefen des Meeres (siehe Micha 7,19) und stellt ein Schild auf mit der Aufschrift: „Angeln verboten!" Kraft des Bundes, den Gott mit Israel geschlossen hatte, konnte Gott zu seinem Volk sagen: „Denn ich werde ihre Schuld vergeben und an ihre Sünde nicht mehr denken" (Jeremia 31,34).

Doch was ist mit den Sünden, die wir bereits vergessen haben oder derer wir uns gar nicht bewusst sind, weil wir unser Tun im Gegensatz zu Gott gar nicht als Sünde eingestuft hätten? Die gute Nachricht lautet: Wenn wir in Gottes Licht und in der Gemeinschaft mit ihm wandeln, vergibt Gott uns auch die Sünden, die uns gar nicht oder nicht mehr präsent sind. Selbst von dieser unbewussten Schuld reinigt er uns, sodass die Gemeinschaft mit Gott nicht nur möglich ist, sondern uns auch mit Freude erfüllt.

Im Licht entsteht die Freude an Gott

Bitte lesen Sie nicht allzu schnell über diese Aussage hinweg! Denn das, was ich Ihnen gerne vermitteln möchte, ist so erstaunlich, dass Sie es mir kaum werden glauben können. Erinnern wir uns an die folgenden Worte: „Wenn wir aber im Licht wandeln, wie er im Licht ist, haben wir Gemeinschaft miteinander, und das Blut Jesu, seines Sohnes, reinigt uns von jeder Sünde" (1. Johannes 1,7).

Spontan denken wir: Natürlich habe ich Gemeinschaft mit anderen Christen, was ja auch stimmt. Doch bei näherem Hinsehen stellen wir fest, dass sich das Bezugswort (erinnern Sie sich an den Grammatikunterricht in der Schule?) in dem Satzteil „haben wir Gemeinschaft miteinander" nicht auf andere Christen bezieht, sondern auf Gott selbst. Mit anderen Worten: *Wir haben Gemeinschaft mit Gott, und Gott hat Gemeinschaft mit uns!*

Ich will es bewusst noch einmal betonen: Gott sehnt sich nach Gemeinschaft mit uns! Doch solange wir uns noch in der Finsternis verkriechen, ist Gemeinschaft mit uns für ihn ausgeschlossen. Wir müssen unser Lastenpaket im Licht seiner Gnade und Vergebung auspacken. Um Gemeinschaft mit Gott pflegen zu können, müssen wir dem Licht ausgesetzt leben.

Der Eintritt ins Licht hat seinen Preis

Was darf uns ein reines Gewissen vor anderen und vor Gott wirklich kosten? Welchen Preis sind wir zu zahlen bereit? Leider lassen wir uns oft mehr vom Stirnrunzeln unserer Freunde leiten als vom Lächeln Gottes. Deshalb geht es darum, unsere ursprüngliche Neigung, Schuld zu verbergen, zu überwinden und ins Licht zu treten, koste es, was es wolle. Das falsche Ich, also der Teil von uns, der Gier, Selbstsucht und Sünde abstreitet, kann nur Heilung erfahren, wenn wir es offenlegen. Der Teil von uns, der auf Leistung und die Bewunderung anderer aus ist, der Teil von uns, der diejenigen meidet, die uns unsere Position streitig machen wollen, der Teil von uns, der unsere Mitmenschen der Sünden bezichtigt, derer wir selbst schuldig sind, genau dieser Teil von uns muss dem Licht ausgesetzt werden. Denn erst dann, wenn das falsche Ich offenbar geworden ist und wir sicher wissen, dass Gott uns bedingungslos liebt, erleben wir wahre Freiheit. Wiederherstellung erfordert Heilung durch Zerbruch.

In den frühen 1970er-Jahren gab es in West-Kanada eine große Erweckung, die mit einer enormen Spendenwelle von Menschen einherging, die einen Ausgleich für vormalige Steuerhinterziehungen leisten wollten.

Meine Schwägerin ging noch einmal zurück in den Lebensmittelladen, um 99 Cent für einen Sack Kartoffeln zu bezahlen, den sie an der Kasse übersehen hatte, weil er ganz unten im Einkaufswagen gelegen hatte. Als sie mit dem Filialleiter sprach und ihm ihr Anliegen schilderte, sagte dieser: „Entweder ist heute mein Glückstag oder es tut sich gerade etwas in dieser Stadt. Sie sind schon der zweite Kunde, der sich heute bei mir meldet und mir gesteht, etwas entwendet zu haben."

Dann muss ich an meinen Chemielehrer in der Schule denken. Er war häufiger in der Gemeinde als alle Kirchenmäuse zusammen. Er und seine Familie gehörten zu den treuesten Besuchern. Er diente als Sonntagsschullehrer und war Mitglied der Gemeindeleitung. Jahre zuvor hatte er während seines Masterstudiums einmal bei einer Prüfung betrogen. Von unserem Standpunkt aus betrachtet würde man es wohl als Lappalie betrachten. Doch er sagte mir, dass ihm seine Füße bleischwer waren, als er die Bühne betrat, um sein Abschlusszeugnis in Empfang zu nehmen. So schwer lastete sein schlechtes Gewissen auf ihm, und es beunruhigte ihn so sehr, dass er irgendwann den Kontakt zur Universität aufnahm und die Rückgabe seines Abschlusszeugnisses anbot. Zwar lehnte man dies ab, doch der Preis wäre ihm nicht zu hoch gewesen.

Für manche bedeutet der Weg ins Licht ein finanzielles Opfer. Ein christlicher Unternehmer hatte seine Kunden betrogen, indem er bewusst minderwertiges Material in ihren Bauprojekten verarbeitet hatte. Er hatte ihnen bei der Auswahl der Bretter, der Isolierung und dergleichen eine bestimmte Qualität zugesichert, aber in Wahrheit eine andere geliefert. Als er vor Gott ehrlich sein wollte, musste er seinem Betrug und seiner Unehrlichkeit ins Auge sehen. Wie er es auch drehte und wendete und so oft er seine Sünde vor Gott bekannte, ihm wurde eines klar: Er würde erst Frieden finden, wenn er den Schaden wiedergutgemacht hatte. Als er schließlich tat, was er als richtig erkannt hatte, ging er zur Bank und nahm einen Kredit auf, um seine

Kunden zu entschädigen. „Die Gemeinschaft mit Gott kostete mich eine Stange Geld", erzählte er mir, „aber sie ist jeden einzelnen Cent wert."

Am Morgen des 21. Dezember 1975 erschoss der 14-jährige John Claypool seinen Nachbarn und dessen Frau, weil er wissen wollte, wie es sich anfühlt, einen Menschen umzubringen. Obwohl er der Hauptverdächtige war und mehrmals von der Polizei vernommen wurde, konnte man ihm die Tat nicht eindeutig nachweisen und musste ihn laufen lassen. Später berichtete er, dass seine niederträchtige und schreckliche Tat in seinem Kopf weitergelebt hatte. Doch er erzählte niemandem davon und beschloss, sein Geheimnis mit ins Grab zu nehmen.

Irgendwann heiratete er und wurde Vater von zwei Kindern, doch eines Tages verließ ihn seine Frau. Als Gott ihn in Kontakt mit Christen brachte, begann er sich nach dem Frieden zu sehen, den er bei diesen Menschen wahrnahm. „Diese Sehnsucht nach Frieden wurde befeuert durch die ständig präsente Last der Sünde, die meine Seele so beschwerte." Er kaufte sich eine Bibel und erkannte, dass Jesus ihn von seiner Schuld erlösen konnte. Er war überführt. Doch sein Herz zog sich zusammen, als Gott ihm sagte: „Mein Sohn, du musst mir gehorsam sein und das, was du getan hast, offenbaren. Ansonsten wirst du niemals in den Genuss des vollen Segens gelangen, den ich dir zugedacht habe."

Er erzählte seiner damaligen Freundin von seinem dunklen Geheimnis, woraufhin sie die Beziehung beendete. Mit Unterstützung seines Pastors und eines Rechtsanwalts ergab sich John schließlich am 27.11.1995 der staatlichen Autorität. Als seine Geschichte sogar mediales Interesse auf sich zog, packte ihn die Angst; dennoch erklärte er:

Trotz allem hat Gott sein Versprechen gehalten und mich durchgetragen. Auch wenn ich jetzt dem Gesetz nach ein Gefangener bin, bin ich vor Gott zum ersten Mal in meinem Leben ein freier Mann. Das Gefühl, die Last komplett los zu sein, ist unbeschreiblich. Der Herr hat nun sein vormals abtrünniges Kind in seine liebenden Arme geschlossen und sein Versprechen gehalten, mich nicht fallenzulassen! Ein wunderbarer Friede durchströmt meine Seele, wie ich ihn zuvor noch nie erlebt habe. (...)

Derzeit bin ich in einem Hochsicherheitstrakt untergebracht, wo ich meine Strafe für den zweifachen Mord verbüße. Aber ich bin freier und habe mehr Frieden im Herzen, als jemals zuvor.[17]

Ganz anders ein Christ, der in einem Formular der Berufsgenossenschaft falsche Angaben machte, um eine Entschädigungssumme zu kassieren, und sich weigerte, ins Licht zu treten, obwohl ihm sein Pastor dazu riet. Er hatte sich im Urlaub eine Verletzung zugezogen und behauptet, es sei ein Arbeitsunfall gewesen. Aufgrund dessen bezieht er nun eine monatliche Rentenzahlung auf Lebenszeit. Er sagte Folgendes: „Glauben Sie, ich offenbare mich der Schadenregulierungsstelle? Dafür würde ich ins Gefängnis wandern. Tut mir leid, aber ich werde alles beim Alten lassen." Er hatte nicht verstanden, dass Gemeinschaft mit Gott hinter Gittern besser ist als das Leben als „freier" Mann in Finsternis.

Der Weg ins Licht lohnt sich immer – nicht nur, um unser Gewissen zu entlasten, sondern auch, um ungetrübte Gemeinschaft mit Gott zu genießen und damit echte Zufriedenheit. In seiner Gegenwart ist Heilung möglich.

Richtungsweisende Merksätze

Wenn wir noch zögern, das Licht zu suchen, sollten wir die folgenden Merksätze bedenken:

---

17 übersetzt nach: John Claypool im Gespräch mit Ken Hyatt, „Freedom behind Bars", *The Standard*, April 1999, S. 22-23

1. Was wir verbergen, tut weh

Wir sind so krank wie unsere dunkelsten Geheimnisse – an diesem Satz ist etwas Wahres. Das gilt sowohl für denjenigen, der gesündigt hat, als auch für den, der Opfer von Sünde wurde. Auch Menschen, die infolge des ihnen zugefügten Unrechts bitter und rachsüchtig geworden sind, müssen das Licht suchen.

Natürlich ist der Weg ins Licht bei jedem Mensch anders. Doch für jeden bedeutet es, ehrlich zu werden vor Gott, und setzt voraus, dass man sich allem vorbehaltlos stellt: den Gedanken, Sehnsüchten und Taten, egal, wie schändlich diese auch sein mögen. Für andere wiederum beinhaltet das die Aussöhnung mit Mitmenschen (siehe Kapitel 9), die Inanspruchnahme von Seelsorge oder das Gespräch mit einer Person des Vertrauens. Und bedenken wir: Ziel ist nicht allein das Verlassen der Dunkelheit, sondern die Freude am Licht.

2. Licht und Dunkelheit können nicht nebeneinander bestehen

Es gibt eine Legende, die von einem Gespräch der Sonne mit einer dunklen Höhle berichtet. „Komm doch heraus ins Licht", schlägt die Sonne vor. Die dunkle Höhle kommt der Aufforderung nach, steht im Licht und sagt: „So, nun habe ich das Licht kennengelernt. Liebe Sonne, nun komm du in meine Höhle, damit du auch einmal die Dunkelheit siehst."

Die Sonne folgt der Einladung, und nachdem sie in die Höhle hinabgestiegen ist, wundert sie sich: „Ich sehe hier aber keine Dunkelheit." Wenn Dunkelheit und Licht aufeinandertreffen, gewinnt stets das Licht.

Wer Licht sieht, hat zwei Möglichkeiten: Er bewegt sich entweder auf das Licht zu oder tritt zurück in die Dunkelheit. Entscheiden wir uns für die Rückkehr ins Dunkle, werden unsere Herzen ein klein wenig härter, und wir freunden uns ein bisschen mehr mit der Finsternis an. Dieses Phänomen meinte Paulus, als er in 1. Timotheus 4,2 vom gebrandmarkten Gewissen sprach, abgestumpft durch Gleichgültigkeit gegenüber dem Licht Gottes. Es sollte uns nicht überraschen, dass es unter wahrhaft niederträchtigen Menschen einige gibt, die zuvor einmal das Licht gesehen haben. Je heller das Licht ist, das wir verwerfen, desto tiefer wird die Finsternis sein, die wir dafür in Kauf nehmen müssen.

3. Entscheidend ist nicht, ob wir mit dem Licht in Berührung gekommen sind, sondern, ob wir auch im Licht wandeln.

Ist jemand in Sünde gefallen – nehmen wir einmal an, er ist in die Falle der Unmoral getappt – lautet unsere Frage: „Hat er Buße getan?" Doch im Grunde genommen wäre es angebrachter zu fragen: „Tut er Buße?" Jemand, der in der Vergangenheit einmal ins Licht getreten ist, kann heute schon wieder in der Finsternis wandeln. Das bewusste Heraustreten ins Licht ist nur der erste Schritt der Reise. Tatsache ist jedoch, dass jeder Gläubige heute in einem noch helleren Licht wandeln soll als gestern. Das Leben ist eine Reise, die erst mit dem Tod ihr Ziel erreicht.

Kann ein Christ, der einst im Licht wandelte, in die Finsternis zurückkehren? Ja. Wie wir bereits gelesen haben, heißt es in 1. Johannes 1,6: „Wenn *wir* sagen, dass wir Gemeinschaft mit ihm haben, und wandeln in der Finsternis, lügen *wir* und tun nicht die Wahrheit" (Hervorhebung durch den Autor). Wir demonstrieren unsere Liebe zu Gott, indem wir im Licht wandeln – ohne Rücksicht auf die Kosten.

Ich möchte Ihnen nun den vielleicht besten Rat geben, den Sie in diesem Buch finden: Wenn Ihr Gewissen durch das Sündenbekenntnis rein geworden ist, halten Sie Ihr Verhältnis zu Gott und zu Ihren Mitmenschen aktuell! Bekennen Sie Gott Ihre Schuld, sobald sie Ihnen bewusst wird, und lassen Sie nicht zu, dass Sie Sünde anhäufen in der Absicht, sich zu einem späteren Zeitpunkt darum zu kümmern. Ihr Ziel sollte die ungetrübte und ununterbrochene Gemeinschaft mit Gott und mit Ihrem Nächsten sein. Kein Aufschieben mehr und auch kein Versteckspiel.

Sich finden lassen

Haben Sie als Kind auch so gerne Verstecken gespielt? Manche Kinder entwickeln dabei ein ganz besonderes Geschick und verstecken sich so gut, dass niemand sie finden kann. Natürlich ist das nicht Sinn des Spieles, denn es geht hierbei ja nicht nur ums Verstecken, sondern auch ums Finden bzw. um die Bereitschaft, sich finden zu lassen.

Vielleicht spielen Sie ja Verstecken nach Erwachsenenmanier und verstecken sich dabei so gut, dass niemand Sie findet. Wir alle haben uns so sorgfältig in unser Versteck zurückgezogen, dass niemand uns sehen kann. Zuerst gratulieren wir uns zu dieser Maßnahme, die uns ein Gefühl von Sicherheit vermittelt, weil uns ja niemand findet. Doch dann verwandelt Gott unser Versteck in unsere private Hölle, und wir wollen nur noch eines: gefunden werden, koste es, was es wolle.

„Erforsche mich, Gott, und erkenne mein Herz. Prüfe mich, Gott, und erkenne meine Gedanken! Und sieh, ob ein Weg der Mühsal bei mir ist, und leite mich auf dem ewigen Weg!" (Psalm 139,23-34)

Eine Bibelstelle zum Nachdenken:

Und dies ist die Botschaft, die wir von ihm gehört haben und euch verkündigen: dass Gott Licht ist, und gar keine Finsternis in ihm ist. Wenn wir sagen, dass wir Gemeinschaft mit ihm haben, und wandeln in der Finsternis, lügen wir und tun nicht die Wahrheit. Wenn wir aber im Licht wandeln, wie er im Licht ist, haben wir Gemeinschaft miteinander, und das Blut Jesu, seines Sohnes, reinigt uns von jeder Sünde. Wenn wir sagen, dass wir keine Sünde haben, betrügen wir uns selbst, und die Wahrheit ist nicht in uns. (1. Johannes 1,5-8)

Weiterführende Fragen zur Vertiefung:

Machen Sie eine ehrliche Inventur in Ihrem Leben und stellen sich dabei die Frage: Welche dunklen Schränke halte ich vor Gott verborgen? Bitten Sie Gott, Ihnen beim Öffnen der Türen zu helfen und die Dinge ans Licht zu bringen, die Sie vor sich selbst und anderen verstecken wollten. Fassen Sie einen bewussten Entschluss, jeden Tag im Licht zu wandeln und keine Sündenberge anzuhäufen. Bekennen Sie stattdessen jede Sünde, sobald sie Ihnen bewusst wird.

7

GEWISSENSKONFLIKTE

Das Zeugnis eines reinen Gewissens ist mehr wert
als ein Dutzend Charakterzeugen.
Unbekannter Verfasser

„Selbst beim Schreiben dieser Zeilen kommen mir die Tränen. Wir richten uns nicht immer nach der Kleiderord-
nung unserer Gemeinde: Lange Ärmel, lange Röcke, sehr
lange Haare sind dort ein Muss. Aber obwohl meine Töchter und ich uns in keiner Weise aufreizend kleiden, lasse
ich sie zum Sportunterricht Shorts und Hosen anziehen.
Mein Mann ist damit einverstanden, dass unsere Töchter
und ich diesen Vorgaben der Gemeinde nicht entsprechen.
Doch die Gemeindeleitung meint, wir seien abtrünnig und
verloren.

Mein Gewissen plagt mich, wenn sie mich besuchen ...
Ich fühle mich geknechtet. Bin ich allzu weltlich, weil ich in
aller Schlichtheit hübsch aussehen möchte? Warum kann
ich die Kleiderfrage nicht einfach abhaken? Warum mache
ich mir Sorgen darüber, was die anderen denken? Bin ich
verdammt? Wandle ich nicht im Licht? Bin ich verloren?

Der Feind verwendet diese Angelegenheit schon seit Jahren gegen mich. Ich möchte nicht den Himmel aufs Spiel setzen, nur um hübsch auszusehen."

Meine Antwort darauf lautet: Frauen sollten sich in der Tat keineswegs aufreizend kleiden, doch zu erwarten, dass sie sich Vorgaben wie den oben beschriebenen beugen, zeugt von einem verfehlten Fokus. Zwar verbietet das Alte Testament tatsächlich, dass eine Frau Männergewänder anzieht, doch dabei geht es vielmehr darum, dass Frauen nicht in die Rolle von Männern schlüpfen sollen (und umgekehrt), als um die Frage, ob man als Frau eine Hose oder einen Rock anzieht. Es ist auch nicht falsch, wenn eine Frau hübsch aussehen will. Jedoch wird natürlich in unserer Kultur Schönheit oft überbewertet. Fernsehsendungen und andere Medien, die Schönheit und Sexualität überhöhen, machen unsere Jugendlichen kaputt.

Doch wie kann sich diese Frau von der harten Gesetzlichkeit ihrer Gemeinde lösen? Mir scheint, dass Jesus uns ermahnt, auf das Herz zu achten und nicht auf die Einhaltung einiger ziemlich kleinlicher Regeln. Manchmal ist es das Beste, sich gar nicht erst einer solchen Gemeinde anzuschließen, in der sich die Mitglieder solch willkürlichen Regeln beugen müssen.

Wie können solche Unstimmigkeiten gelöst werden?

Das Neue Testament lehrt, dass sich Christen manchmal in Verhaltensfragen uneinig sind, weil das Gewissen des einen ihm ein bestimmtes Verhalten erlaubt, während das Gewissen eines anderen ihm dasselbe verbietet. Wir müssen lernen, hierbei nicht über andere zu richten.

Wir dürfen nie vergessen, dass manche Dinge immer falsch sind: Es ist immer falsch, die Gebote nicht einzuhalten; es ist immer falsch, sich der Welt anzupassen; es ist immer falsch, schlechte Worte in den Mund zu nehmen; es ist immer falsch, den Heiligen Geist zu betrüben; es ist immer falsch, unseren Begierden nachzugeben. Diese Liste kann man beliebig fortsetzen.

Dagegen sind manche Dinge immer richtig: Es ist immer richtig, einander zu lieben; es ist immer richtig, unsere Herzen auf den Himmel statt auf die Welt auszurichten; es ist immer richtig, vom Heiligen Geist erfüllt zu sein; es ist immer richtig, ehrlich zu sein und andere Menschen zu respektieren.

Dennoch gibt es Angelegenheiten, die sich kaum als eindeutig richtig oder falsch, sündig oder nichtsündig kategorisieren lassen. Manches ist einfach eine Gewissensfrage. In Europa trinken Christen zum Beispiel regelmäßig Wein oder andere alkoholische Getränke; sie wären überrascht, dass viele Christen in den USA völlige Abstinenz praktizieren. Viele von uns argumentieren mit dem Fluch des Alkohols und dass es deswegen besser sei, keinen einzigen Drink zu sich zu nehmen. Andere kontern, dass alles – auch Nahrungsmittel – missbraucht werden kann. In biblischen Zeiten nahm Jesus Wasser und verwandelte es in Wein. So gehen die Unstimmigkeiten weiter.

Es gab Zeiten, da wurde von amerikanischen Kanzeln gepredigt, dass man als Christ keinesfalls ins Kino gehen dürfe. Heutzutage ist das jedoch unter Christen absolut üblich. Früher trieben Christen sonntags grundsätzlich keinen Sport, heute aber verehren wir christliche Sportler, selbst wenn es ihnen ihre Wettkämpfe unmöglich machen, sonntags in den Gottesdienst zu gehen. Die Liste der Ge- und Verbote verändert sich von Kultur zu Kultur und von Zeitalter zu Zeitalter.

Wie lösen wir solche Unstimmigkeiten?

Mir ist sehr wohl bewusst, dass ich mit diesem Thema ein Minenfeld betrete. Das charakteristischste Merkmal einer Tretmine besteht darin, dass man sie nicht sieht. Ich gehe also das Risiko ein, unerwartet auf eine zu treten, doch wir müssen uns daran erinnern, dass das Minenfeld des einen Menschen die Schutzzone des anderen ist. Begeben wir uns also gemeinsam auf den Weg.

Wir alle sind versucht, unsere persönlichen Überzeugungen zu verallgemeinern; aus etwas, das relativ sein sollte, machen wir etwas Absolutes. Nur weil wir eine bestimmte Musikrichtung bevorzugen, meinen wir, dass alle anderen den gleichen Musikge-schmack haben müssten. Manche Christen sagen sogar: „Gott hasst die gleiche Lobpreismusik wie ich!" Wir wären schockiert, wie an-ders Christen in anderen Erdteilen Gott anbeten; manche sind eher zurückhaltend, während andere sich frei fühlen, ihr Lob mit Singen und Bewegungen zum Ausdruck zu bringen. Wir alle sind viel stär-ker in unserer eigenen Kultur verhaftet, als wir meinen, dennoch wollen wir unsere persönlichen Vorlieben verabsolutieren.

Die andere Versuchung liegt darin, Sünde zu relativieren. Wir neigen dazu, Sünde akzeptabel machen zu wollen, indem wir etwas Absolutes auf eine kulturelle Norm und persönliche An-sichtssache reduzieren. Wenn wir das tun, lockern wir den Stan-dard, statt ihn in gesunder biblischer Lehre zu gründen. Wir soll-ten uns immer um die richtige Balance zwischen Gesetzlichkeit und Laschheit bemühen; beide Extreme sind gefährlich.

Das dritte Problem besteht in unserer Neigung, Geistlichkeit an dem zu messen, was wir nicht tun. Wir mögen Listen mit Ge- und Verboten, weil sie uns dabei helfen, das Leben von Christen zu definieren. Manche Menschen meinen immer noch, der Beweis für eine Bekehrung bestehe darin, dass man sich an die richtigen „Regeln" hält. Und in einigen Gemeinden besagen diese Regeln eben, dass Frauen noch nicht einmal beim Sport oder im Winter Hosen tragen dürfen.

Sind Menschen, die Regeln einhalten – selbst so strenge Regeln – gesetzlich? Vielleicht, vielleicht aber auch nicht. Gesetzlichkeit bezeichnet den Missbrauch von Gesetzen oder Regeln. Wenn ich bestimmte Regeln einhalte, weil ich glaube, dass mich das from-mer macht, dann bin ich in der Tat gesetzlich. Regeln können mich vor bestimmten Sünden bewahren, doch sie vermögen mich nicht zu rechtfertigen. Regeln führen nicht dazu, dass ich Gott mehr lie-be oder heiliger werde. Jesus versuchte, den Pharisäern klarzuma-chen, dass Regeln unser Herz nicht verändern können.

Hier in Chicago gibt es einen Stadtteil mit 160 000 Einwoh-nern. Kein einziger von ihnen trinkt einen Tropfen Alkohol, raucht, tanzt oder geht ins Kino. Ich erwähnte das einmal einem Freund gegenüber, der meinte, er würde gerne einmal dorthin gehen, vielleicht sogar dort wohnen. Ich sagte, das sei eines Tages vielleicht sogar möglich. Dieser Ort ist jedoch Rosehill Cemetary, ein Friedhof! Sie sehen: Wer das Leben eines Christen durch das definiert, was er *nicht* tut, der hat das Wesentliche nicht begriffen.

Regeln – selbst die strengen – haben jedoch trotzdem ihren Wert. Ich wuchs mit Regeln auf, die mich von bestimmten Sünden abhielten, und wir erzogen unsere Kinder nach vielen derselben Standards. Es gibt Dinge, bei denen es weise ist, auf sie zu verzichten; andere Dinge sind dagegen eindeutig falsch. Gott legte ganz offensichtlich besonderen Wert auf die „Du sollst nicht"-Regeln, wie uns die Zehn Gebote lehren.

Wir sollten also Menschen nicht verurteilen, die bestimmte Regeln einhalten. Vielleicht sind sie gesetzlich, aber nicht zwingend. Jesus störte sich nicht daran, dass sich die Pharisäer an Regeln hielten (auch wenn einige dieser Regeln nicht schriftgemäß waren), doch er betrauerte die Tatsache, dass sie keine Beziehung zu Gott hatten.

Kurz zusammengefasst: Zwei Menschen können dieselben Regeln befolgen, doch kann der eine dabei gesetzlich sein, weil er meint, diese Regeln würden seine Beziehung zu Gott definieren, während dem anderen bewusst ist, dass er vor allem seine Beziehung zu Gott pflegen muss. In ihrer Wurzel ist Gesetzlichkeit eine Herzensangelegenheit und eine Frage der Motivation.

Einigen Lesern scheint dieses Kapitel vielleicht Banalitäten zu behandeln. Doch wenn Sie zu Gottes Familie gehören und ihm gefallen wollen, dann sind auch Banalitäten von Bedeutung. Wir wollen dem Herrn wohlgefällig sein und müssen mit anderen Menschen zurechtkommen – keine leichte Aufgabe. Also wenden wir uns in Bezug auf Ge- und Verbote an die Bibel und hoffen, dass wir uns wenigstens über die Prinzipien einig werden, wenn auch nicht immer über konkrete Verhaltensweisen. Aber vor allem wollen wir mit einem reinen Gewissen leben.

Ge- und Verbote

Im Rom des 1. Jahrhunderts lebten viele Bekehrte mit jüdischem Hintergrund, andere dagegen waren ehemalige Heiden. Die einen waren überzeugt, dass die Speisegebote des Alten Testaments weiter eingehalten werden mussten; andere glaubten, dass diese Anforderungen der Vergangenheit angehörten. Paulus lehrte die Menschen damals Prinzipien, die auch für uns heute noch von Bedeutung sind. Er macht uns klar, dass es manchmal zwei unterschiedliche und dennoch legitime Standpunkte geben kann, und dass wir einander akzeptieren und miteinander klarkommen sollen.

Er gibt uns die folgenden Richtlinien:

Wir sollen einander nicht verurteilen

„Den Schwachen im Glauben aber nehmt auf, doch nicht zur Entscheidung zweifelhafter Fragen! Einer glaubt, er dürfe alles essen; der Schwache aber isst Gemüse" (Römer 14,1-2). Wie soll das funktionieren? Paulus fährt fort: „Wer isst, verachte den nicht, der nicht isst; und wer nicht isst, richte den nicht, der isst! Denn Gott hat ihn aufgenommen" (Vers 3). Wer Gottes neue Offenbarung über die Freiheit von den Speisegeboten begriffen hatte (wer also stark im Glauben war), sollte diejenigen nicht verurteilen, die sich nicht frei fühlten, Opferfleisch zu essen (die Schwachen).

Paulus sah diejenigen, die sich in dieser Angelegenheit frei fühlten, als die Starken an; diejenigen, die meinten, sich den alten Regeln unterwerfen zu müssen, waren die Schwachen. Wären wir dort gewesen, hätten wir das vielleicht ganz anders gesehen. Wir hätten vermutlich denjenigen, der die alten jüdischen Vorgaben einhielt, für stark gehalten, und denjenigen, der sich frei fühlte, alles zu essen, für einen schwachen Christen. Stillschweigend gehen wir davon aus, dass ein Christ, der sich frei fühlt, bestimmte Dinge zu tun, schwach sein muss, während der Starke glaubt, dass eine solche Freiheit nur Kapitulation vor der Welt bedeutet.

Paulus sagt jedoch, dass das Gegenteil richtig ist. Ein starker Christ erkennt, dass moralisch neutrale Dinge nicht kategorisch verboten werden sollten. Ein schwacher Christ schafft Regeln um Regeln und denkt dabei, ein Leben im Geist bedeute, die richtigen Verbote einzuhalten. In Rom konnten starke Christen reinen Gewissens Fleisch essen; schwache Christen dagegen nicht.

Es war Paulus wichtig, dass weder die Schwachen noch die Starken übereinander urteilten. Wenn sich jemand für stark hält, darf er nicht über jemanden richten, der schwach ist. Jemand, der ins Kino geht, sollte sich nicht über denjenigen erheben, der das nicht tut; aber derjenige, der davon Abstand nimmt, sollte auch den nicht verurteilen, der gerne ins Kino geht – es sei denn, es handelt sich um einen anrüchigen Film, den man sich als Christ sowieso nicht ansehen sollte. Es geht hier darum, dass ein Kino an sich ein neutraler Ort ist; es muss also einen vorurteilsfreien Ermessensspielraum geben. Der starke Bruder erkennt, dass ein Kino an sich neutral ist, aber er sollte seinen schwächeren Bruder nicht dafür verurteilen, wenn der glaubt, er würde sich mit seinem Besuch dort der Welt anpassen.

Nehmen wir einmal an, dass Sie zusammen mit anderen als Bedienstete in einem Haushalt arbeiten. Wären Sie für das Verhalten einer Ihrer „Kollegen" verantwortlich? Nein. Paulus schrieb: „Wer bist du, der du den Hausknecht eines anderen richtest? Er steht oder fällt dem eigenen Herrn. Er wird aber aufrecht gehalten werden, denn der Herr vermag ihn aufrecht zu halten" (Vers 4). Diesen Punkt erläutert er im Folgenden anhand des Sabbats.

Nach ihrer Erlösung waren manche Juden nicht in der Lage, sich von ihrer alten Gewohnheit zu lösen, den siebten Tag der Woche heiligzuhalten statt den ersten Tag (Sonntag). Was antwortete Paulus darauf? „Der eine hält einen Tag vor dem anderen, der andere aber hält jeden Tag gleich. Jeder aber sei in seinem eigenen Sinn völlig überzeugt!" (Vers 5).

Darf ein Christ an einem Sonntag zum Fußball gehen? Wenn wir sagen: „Na ja, er darf sich ruhig ein Spiel im *Fernsehen* angucken, aber er darf sonntags nicht ins *Stadion* gehen", dann verlieren wir uns in Haarspaltereien. Es handelt sich hier in der Tat um eine individuelle Gewissensfrage, bei der wir andere nicht verurteilen sollen. Unser Herr erlaubt vielleicht einem seiner Kinder die Teilnahme, einem anderen dagegen nicht. Sie stehen oder fallen vor Ihrem eigenen Herrn.

Sollte es uns nicht beunruhigen, wie der Sonntag durch Sportveranstaltungen, verkaufsoffene Sonntage und sonstige Aktivitäten an Wert verliert? Ja, das sollte uns beunruhigen, denn auch wenn wir Gott an jedem Wochentag anbeten, ist der Sonntag ein besonderer Tag, an dem wir uns als Kinder Gottes versammeln. Doch wir dürfen daraus keine Regel ableiten, die für jeden einzelnen Christ gilt. Die Lösung besteht darin, die Menschen zu lehren, Gott mehr zu lieben als Sport und die anderen Kinder Gottes mehr als Shoppingtrips oder Ähnliches.

Paulus würde sagen, dass wir, egal, ob wir den Samstag oder den Sonntag wählen, diesen Tag zu einem besonderen Tag machen sollten; und egal, an welche Speisevorschriften wir uns halten, wir sollten allein Gott zur Ehre essen und anbeten. Es kommt auf unsere richtige Motivation an und darauf, unsere Mitmenschen nicht zu verurteilen. Bei solchen Fragen darf es im Haushalt Gottes Raum für unterschiedliche Ansichten geben.

Wenn ein Pastor seinen Gemeindemitgliedern erzählt, eine Frau, die Hosen trägt, hätte ihre Erlösung eingebüßt und käme in die Hölle, verurteilt er seine Brüder und Schwestern. Sie werden vor ihrem eigenen Herrn stehen oder fallen. Paulus macht uns klar, dass wir alle als Individuen vor Gott Rechenschaft werden ablegen müssen. Daher dürfen wir unsere persönlichen Überzeugungen in Bezug auf solche Angelegenheiten nicht verallgemeinern.

Wir sollen darauf achten, unsere Brüder und Schwestern nicht zu Fall zu bringen

„Lasst uns nun nicht mehr einander richten, sondern haltet vielmehr das für recht, dem Bruder keinen Anstoß oder kein Ärgernis zu geben!" (Vers 13). Einige Verse später wiederholt Paulus dieses Anliegen sogar noch deutlicher: „Zerstöre nicht einer Speise wegen das Werk Gottes! Alles zwar ist rein, aber es ist böse für den Menschen, der mit Anstoß isst. Es ist gut, kein Fleisch zu essen noch Wein zu trinken noch etwas zu tun, woran dein Bruder sich stößt" (Verse 21-22).

Was meint er damit, dass wir unserem Bruder keinen Anstoß geben sollen?

Betrachten wir einmal eine etwas anders gelagerte Kontroverse, mit der sich Paulus in der Gemeinde in Korinth konfrontiert sah. Die Stadt war ein Zentrum heidnischen Götzendienstes und sexueller Freizügigkeit. Es gehörte zum heidnischen Götzendienst, Götzenopferfleisch zu essen. Der Priester nahm das von den Gläubigen gebrachte Opferfleisch und legte es auf den Altar. Später wurde das Fleisch auf den Markt gebracht und billiger verkauft als vergleichbare Fleischstücke direkt vom Schlachter. Als nun einige dieser Heiden Christen wurden, erkannten sie, dass ihre Götzen keine Bedeutung hatten und daher das ihnen geopferte Fleisch auch in keiner Weise verunreinigt war. Doch andere Christen, die schwach im Glauben waren, meinten, dass sie sich wieder in ihren früheren Götzendienst verstricken würden, wenn sie von diesem Götzenopferfleisch äßen. Sie hatten Angst, dass der Genuss dieses Fleisches sie besudeln würde.

Man kann sich die Streitgespräche gut vorstellen.

„Ich verstehe nicht, wie du Fleisch essen kannst, das Zeus geopfert wurde."

„Moment mal ... Wer ist denn Zeus? Ein Niemand, nur ein Götze aus Stein."

„Ja, aber hinter solchen Götzen stehen Dämonen."

„Das stimmt, aber ich folge Jesus nach. Er nimmt das, was den heidnischen Götzen gehörte, und reinigt es."

Der eine Christ warf dem anderen vor, sich nicht genug von der Welt abzusondern; der andere erwiderte darauf, dass eine solche Anschuldigung ein Zeichen von Engstirnigkeit sei. Paulus sagte, dass Christen in diesem Punkt frei sind, was jedoch nicht zwangsläufig bedeutet, dass Christen diese Freiheit auch ausnutzen sollen, auch wenn sie richtig informiert sind (sie also verstanden haben, dass Götzen nichtig sind). Auch wenn einige Gläubige problemlos Fleisch hätten essen können, hieß das nicht, dass sie es auch tun *sollten*. Gott hat zugegebenermaßen alles Essen für rein erklärt, doch weil einige Christen den Genuss von Opferfleisch als Zugeständnis an die heidnische Religion sahen, schrieb Paulus: „Seht aber zu, dass nicht etwa diese eure Freiheit den Schwachen zum Anstoß werde!" (1. Korinther 8,9).

Das heißt natürlich nicht, dass wir nie etwas tun dürfen, was einem anderen Christen missfallen könnte! Jesus sagte und tat regelmäßig Dinge, die Empörung hervorriefen – selbst unter seinen eigenen Jüngern. Wenn er die Pharisäer nicht vor den Kopf hätte stoßen wollen, hätte er keine Menschen am Sabbat geheilt oder mit Zöllnern und Sündern zusammen gegessen. Damit provozierte er den Zorn religiöser Gruppierungen über alle Maßen, und trotzdem tat er es.

Mit „Anstoß" meint Paulus hier vielmehr, dass wir *nichts tun sollen, durch das ein Bruder oder eine Schwester zu einem Rückfall in das alte, sündige Leben verführt werden könnte*. Stellen Sie sich vor, ein schwacher Bruder wird zu einem starken Bruder nach Hause eingeladen, wo es Fleisch zu essen gibt. Der schwächere Bruder fragt, ob es sich dabei um Götzenopferfleisch handelt, und der starke Bruder antwortet: „Ja." Dadurch wird der schwache Bruder zum Glauben verleitet, er würde wieder Verbindung mit den heidnischen Göttern aufnehmen. Der eine Bruder hat den anderen in ein Dilemma gebracht, in dem er entweder unhöflich sein oder seinem Gewissen zuwiderhandeln muss. Das sollen wir laut Paulus nicht tun.

Auch wenn mein nächstes Beispiel vielleicht trivial wirkt, erzähle ich es dennoch, weil ich es persönlich erlebt habe. Es war einmal ein Mann, der seine ganze Freizeit mit Glücksspiel, Billard und Alkohol verbrachte. Nachdem er Christ geworden war, wurde er von einem gläubigen Ehepaar eingeladen, das einen Billardtisch im Zimmer stehen hatte. Dem Neubekehrten stockte bei diesem Anblick der Atem; er konnte nicht glauben, dass Christen Billard spielten, weil das für ihn ein zutiefst sündiges Spiel war. Der ältere Christ war über die Reaktion seines neuen Freundes überrascht. Was sollte denn am Billardspielen falsch sein? Natürlich lautet die Antwort: nichts. Doch der Gastgeber würde eine Sünde begehen, wenn er seinen Gast zu einem Spiel nötigen würde. Es wäre sogar besser, gar kein Billard mehr zu spielen, als das Gewissen seines Gastes zu kompromittieren.

Wenn mein Weingenuss meinen Bruder dazu verleitet, wieder in die Alkoholsucht zurückzufallen, oder wenn meine Einladung ins Fußballstadion in ihm seine alte Sportbesessenheit wieder aufleben lässt, oder wenn ein Kinobesuch ihn wieder zu einem Leben der sinnlichen Vergnügungen verführen würde, dann sollte ich von diesen Dingen Abstand nehmen, auch wenn sie mir selbst erlaubt sind. „Darum, wenn eine Speise meinem Bruder Ärgernis gibt, so will ich nie und nimmermehr Fleisch essen, damit ich meinem Bruder kein Ärgernis gebe" (1. Korinther 8,13).

Wir sollten uns also immer folgende Frage stellen: *Wenn andere das Gleiche tun würden wie ich, würden sie dadurch zur Sünde verleitet werden?*

Wir sollen unserem Gewissen nicht zuwiderhandeln

Paulus fährt in seinen Unterweisungen der Gemeinde in Rom mit folgender Ermahnung fort: „Hast du Glauben? Habe ihn für dich selbst vor Gott! Glückselig, wer sich selbst nicht richtet in dem, was er gutheißt! Wer aber zweifelt, wenn er isst, der ist verurteilt, weil er es nicht aus Glauben tut. Alles aber, was nicht aus Glauben ist, ist Sünde" (Römer 14,22-23). Dieses Prinzip gilt sowohl für den Schwachen als auch für den Starken. Der schwache Bruder sollte nichts tun, was ihm sein Glaube untersagt, auch wenn es an sich harmlos ist. Auch sollte der starke Bruder nichts tun, von dem er glaubt, dass es nicht richtig oder gut für ihn ist. Wenn Ihr Gewissen Sie vor etwas warnt, *lassen Sie es.*

Da unser Gewissen von unserer Umwelt beeinflusst wird, bereiten manchen Menschen schon triviale Dinge Unbehagen. Doch mit der Zeit lernen sie, dass Gott Christen auch in diesem Punkt Freiheit schenkt. Bis dahin würden sie sündigen, wenn sie etwas nicht mit reinem Gewissen tun können. Und auch der starke Bruder sollte kein reines Gewissen haben, wenn er einem anderen Bruder zum Anstoß wird.

So gibt es beispielsweise bestimmte Kartenspiele mit okkulten Wurzeln. Ich persönlich spiele überhaupt keine Karten und lehne Spiele mit okkulten Symbolen und Assoziationen ab. Davon bin ich zutiefst überzeugt, also würde ich, wenn ich doch Karten spielen würde, gegen mein Gewissen verstoßen. Als ich jedoch einmal ein christliches Altersheim besuchte, sah ich, dass viele der Bewohner eben diese Kartenspiele spielten. Instinktiv wollte ich sie dafür verurteilen und sagen, dass man als Christ solche Spiele doch nicht spielen dürfe und dass das überdies Zeitverschwendung sei. Man stelle sich nur einmal vor, was erreicht werden könnte, wenn sich jeder dieser Rentner für Missionare einsetzen, ihnen Briefe schreiben und für ihre Kinder beten würde!

Doch als ich weiter darüber nachdachte, wurde mir klar, dass es sich hier um eine persönliche Gewissensfrage handelte. So wie Götzenopferfleisch durch das Wort Gottes und durch Gebet gereinigt wird, so sind vielleicht auch Kartenspiele in den Händen von Christen nicht mehr als das – Karten mit Bildern ohne jegliche sündige Assoziation. Wie Paulus sagte: „Du aber, was richtest du deinen Bruder? Oder auch du, was verachtest du deinen Bruder? Denn wir werden alle vor den Richterstuhl Gottes gestellt werden. ... Also wird nun jeder von uns für sich selbst Gott Rechenschaft geben" (Verse 10-12).

Ja, wir haben gelernt, dass wir zuweilen Urteile fällen müssen, doch wir sollten immer bei uns selbst anfangen. Und wir müssen darauf achten, nicht gegen unser eigenes Gewissen zu verstoßen.

Wir sollen Gott dienen, nicht uns selbst

In Römer 15 spricht Paulus von einem vierten Prinzip, das wir befolgen sollen: „Der Gott des Ausharrens und der Ermunterung aber gebe euch, gleichgesinnt zu sein untereinander, Christus Jesus gemäß, damit ihr einmütig mit einem Munde den Gott und Vater unseres Herrn Jesus Christus verherrlicht. Deshalb nehmt einander auf, wie auch der Christus euch aufgenommen hat, zu Gottes Herrlichkeit!" (Verse 5-7).

Gott mit unserem Leben zu verherrlichen bedeutet mehr, als Regeln einzuhalten. Unsere Motive reichen tiefer als die eines gesetzlichen Christen, der das Leben von Gläubigen auf eine Reihe von Ge- und Verboten reduzieren will. Sie umfassen mehr als die Freiheit eines selbstgerechten Christen, die ihn zu allzu großer Freizügigkeit verleitet hat. Das von Paulus genannte Prinzip deckt unsere Herzen auf und wird zur Grundlage all unseres Verhaltens.

Sie fühlen sich frei, ins Kino zu gehen? Dann achten Sie darauf, nur solche Filme zu sehen, die Ihnen dabei helfen, Gott zu verherrlichen. Sie fühlen sich frei, Fernsehen zu schauen? Dann gucken Sie nur Sendungen, die Ihnen helfen, Gott zu verherrlichen. Wenn Sie sich frei fühlen, Wein zu trinken, trinken Sie zur Ehre Gottes – und lassen Sie sich nicht zur Trunksucht verführen. Wenn Sie sich frei fühlen, am Sonntag an professionellen Sportwettkämpfen teilzunehmen, tun Sie es zur Ehre Gottes und eignen Sie sich die Willensstärke an, etwas zu verändern, wenn Ihr Tun Ihrem Erlöser nicht länger wohlgefällig ist. Sie als Frau sagen, dass Sie sich frei fühlen, sich hübsch zu kleiden? Tun Sie es zur Ehre Gottes.

Sie genießen die Freiheit, das Internet zu nutzen? Ehren Sie Gott dabei und schalten Sie den Computer aus, bevor Sie sich von Seiten ablenken lassen, die Sie zur Pornografie oder Ähnlichem verführen könnten. Wir dienen dem Herrn.

Machen Sie sich bewusst, was für ein Vorbild Sie für andere sind: „Wir aber, die Starken, sind verpflichtet, die Schwachheiten der Kraftlosen zu tragen und nicht uns selbst zu gefallen. Jeder von uns gefalle dem *Nächsten zum Guten, zur Erbauung!* Denn auch der Christus hat nicht sich selbst gefallen, sondern wie geschrieben steht: ‚Die Schmähungen derer, die dich schmähen, sind auf mich gefallen'" (15,1-3).

Selbst Christus tat nichts zum eigenen Wohlgefallen

Wenn wir nach diesem Standard leben, erfahren wir zwangsläufig, dass es im Christentum nicht um Regeln, sondern um *Beziehung* geht. Die Ge- und Verbote sind nur die ersten Schritte, um zu erkennen, dass manche Dinge falsch sind. Je enger wir mit unserem Herrn leben, umso mehr wird uns bewusst, dass auch an sich neutrale Dinge zur Sünde werden können, wenn sie Zeit und Energie in Anspruch nehmen, die wir ansonsten in Dinge mit Ewigkeitswert investieren könnten. Sobald wir das einmal verstanden haben, werden wir zurückhaltender damit, andere Menschen zu verurteilen, weil wir uns unserer eigenen Fehler und Sünden deutlicher bewusst werden.

Und würden wir wirklich nach diesem Prinzip leben, würden wir begreifen, dass man ein christliches Leben niemals aus eigener Kraft führen kann! Gottes Wunsch nach Reinheit würde so übermächtig über uns stehen, dass wir uns nur noch an ihn wenden und um seine übernatürliche Kraft bitten würden. Haarspaltereien würden verblassen im Vergleich zu weitaus wichtigeren Dingen wie Ehrlichkeit, Liebe zu Gott und die Früchte des Geistes. Wir würden uns hilflos fühlen, moralisch schwach und ungeeignet. Wir bekämen eine neue Sichtweise und würden begreifen, dass ein christliches Leben ausschließlich in völliger Abhängigkeit von Gott möglich ist.

Jesus stellt uns keine Falle und zwingt uns zum Bravsein, während alle anderen Menschen Spaß haben dürfen! Seine Gebote sollen uns vor Augen führen, wie sehr wir ihn brauchen – unsere *Beziehung* zu ihm ist das Wesentliche. Ein Christ ist so viel mehr als ein Sünder ohne seine Sünden. Kein Wunder, dass Jesus sagte, er sei gekommen, um uns Leben im Überfluss zu geben (siehe Johannes 10,10).

Haltet den Herrn, den Christus, in euren Herzen heilig! Seid aber jederzeit bereit zur Verantwortung jedem gegenüber, der Rechenschaft von euch über die Hoffnung in euch fordert, aber mit Sanftmut und Ehrerbietung! Und habt ein gutes Gewissen, *damit die, welche euren guten Wandel in Christus verleumden, darin zuschanden werden, worin euch Übles nachgeredet wird* (1. Petrus 3,15-16, Hervorhebung durch den Autor).

Wenn man uns verhaften würde, weil wir Christen sind, würden die Beweise für eine Verurteilung ausreichen? Diese Frage sollte uns dabei behilflich sein, die Voraussetzungen für wahrhaft christliches Verhalten zu bestimmen!

Eine Bibelstelle zum Nachdenken

Du aber, was richtest du deinen Bruder? Oder auch du, was verachtest du deinen Bruder? Denn wir werden alle vor den Richterstuhl Gottes gestellt werden. Denn es steht geschrieben:

„So wahr ich lebe, spricht der Herr, mir wird sich jedes Knie beugen, und jede Zunge wird Gott bekennen."

Also wird nun jeder von uns für sich selbst Gott Rechenschaft geben. Lasst uns nun nicht mehr einander richten, sondern haltet vielmehr das für recht, dem Bruder keinen Anstoß oder kein Ärgernis zu geben! (Römer 14,10-13)

Weiterführende Fragen zur Vertiefung:

◊ Sind Sie anderen Menschen ein Anstoß?
◊ Würde das, was Sie in der Öffentlichkeit oder im Privaten tun, einen anderen Menschen zur Sünde verführen, wenn er es Ihnen gleichtäte?

◊ Welche Gehorsamsschritte werden Sie gehen, um zu dem Vorbild zu werden, das Sie abgeben sollten? (Lesen Sie noch einmal Römer 14,22-23).

8

UNMÖGLICHE MENSCHEN

Von meinem Standpunkt aus bin ICH
der Mittelpunkt des Universums!
Sebastyne Young

Es gibt da eine, mit Sicherheit erfundene, Geschichte über einen Mann, der seinen Pastor aufsuchte und sagte: „Meine Frau versucht, mich zu vergiften."

Der Pastor entgegnete: „Ach, was! Ich kenne deine Frau. Das ist eine ganz Nette. Sie würde dich nie im Leben vergiften wollen."

Aber der Mann beharrte: „Doch, doch, ganz bestimmt! Ich sehe das Gift direkt neben meinem Teller. Bestimmte Dinge über meine Frau verstehst du einfach nicht. Ich schlage vor, du sprichst mal mit ihr."

Später am selben Nachmittag kehrte der Pastor zurück und sagte zu dem Mann: „Weißt du, ich habe mich gerade dreieinhalb Stunden lang mit deiner Frau unterhalten. Ich habe einen Vorschlag für dich."

„Und der wäre?", wollte der Mann wissen.

„Nimm das Gift."

Diese fiktive Geschichte ist für manche Menschen nur allzu wahr! Manche Menschen sind einfach unmöglich in dem Sinn, dass sie eigensinnig und selbstsüchtig sind und ein verhärtetes Gewissen haben. In ihren Augen sind allerdings ihr Zorn und ihre Selbstsucht gerechtfertigt. Sie sind bereit, aus selbstsüchtigen Motiven andere Menschen zu zerstören. Sie sehnen sich überhaupt nicht nach einem reinen Gewissen. Oder noch schlimmer: Sie meinen sogar, ein reines Gewissen zu haben!

In der Bibel lesen wir, dass in den letzten Tagen Lehrer auftreten werden, „Lügenredner, die in ihrem eigenen Gewissen gebrandmarkt sind" (1. Timotheus 4,2). Luther übersetzt: „... die ein Brandmal in ihrem Gewissen haben." Die Gefühle dieser Menschen betreffen nur sie selbst; für andere empfinden sie weder Mitleid noch Interesse. Ihre Gewissen sind verhärtet.

Paulus spricht auch von einem *unreinen* Gewissen. Von manchen Menschen lesen wir sogar: „Unrein ist beides, ihr Sinn und ihr Gewissen" (Titus 1,15). Ihnen ist der Unterschied zwischen richtig und falsch nicht länger bewusst, und sie sind blind gegenüber ihren eigenen Machenschaften, ihrer Gemeinheit und ihrer selbstsüchtigen Liebe.

Im Neuen Testament gibt es eine weitere Stelle, in der das Wort *Gewissen* zwar nicht genannt wird, die aber die Art Menschen beschreibt, von denen ich hier spreche. „Dies aber wisse, dass in den letzten Tagen schwere Zeiten eintreten werden; denn die Menschen werden selbstsüchtig sein" (2. Timotheus 3,1-2). Paulus stellt die *Selbstsucht* hier an die Spitze einer langen Liste von Sünden und zählt auf: „Geldliebend, prahlerisch, hochmütig, Lästerer, den Eltern ungehorsam, undankbar, unheilig, lieblos, unversöhnlich, Verleumder, unenthaltsam, grausam, das Gute nicht liebend, Verräter, unbesonnen, aufgeblasen, mehr das Vergnügen liebend als Gott, die eine Form der Gottseligkeit haben, deren Kraft aber verleugnen. Und von diesen wende dich weg!" (V. 2-5).

Was für eine Beschreibung!

Das Wort „unversöhnlich" ist mir besonders ins Auge gesprungen, und später in diesem Kapitel werden wir uns mit Menschen befassen, mit denen einfach nicht zu reden ist. Selbst wenn Sie bereit sind, ihnen auf halbem Weg (oder weiter) entgegenzukommen, ist ihnen das nicht genug. Sie haben ein immenses Geltungsbedürfnis und halten ihre unverschämten Ansprüche sogar für vernünftig und gerechtfertigt. Sie sind unfähig, Mitleid gegenüber den Menschen zu zeigen, die sie zum Opfer machen. Heutzutage werden solche Menschen *Narzissten* genannt.

Nach dieser langen Liste mit sündigen Verhaltensweisen fasst Paulus zusammen: „Von diesen wende dich weg!" Das ist aber natürlich nicht immer möglich.

Die Anatomie eines Narzissten

Erkunden wir einmal das menschliche Herz. Das wird ein schmerzhaftes Unterfangen, denn unser Thema ist der *Narzissmus* bzw. die Selbstsucht/Eigenliebe. Wie oben gesehen führt die Selbstsucht eine lange Liste von Sünden an, die alle dieser übersteigerten, alles umfassenden Selbstsucht entspringen. Hier geht es um Menschen, deren Gewissen inaktiv ist, oder genauer gesagt, deren Gewissen völlig abgestumpft ist.

Zugegebenermaßen sind wir alle zu einem gewissen Ausmaß Narzissten. Wir alle lieben und schützen uns selbst um jeden Preis. Doch es gibt einen kleinen Prozentsatz an Menschen, bei denen diese Eigenliebe so extrem wird, dass auf sie die Diagnose „Narzissmus" zutrifft. Nicht nur Menschen „da draußen" in der Welt sind von diesem Problem betroffen; diese Menschen sind auch Teil unserer Gemeinden, oft sogar in leitenden Positionen. Natürlich betrifft das auch Anwälte, Ärzte und Fabrikarbeiter. Und schon viele respektable Menschen haben einen Narzissten geheiratet.

Um eins klarzustellen: In diesem Kapitel spreche ich von Narzissten immer in der männlichen Form, aber dieses Phänomen findet sich gleichermaßen bei beiden Geschlechtern – es gibt genauso viele weibliche wie männliche Narzissten. Ich verwende das Pronomen „er" lediglich als Abkürzung für er/sie. Täuschen Sie sich also nicht – es gibt auch Narzisstinnen.

Die Herkunft des Begriffes

Das Wort *Narzissmus* entstammt der griechischen Mythologie. Narziss war angeblich der Sohn eines Gottes; er war in sich selbst verliebt und wurde von den Menschen bewundert. In der Geschichte heißt es, dass er sich, als er sein Spiegelbild im Wasser erblickte, derart in sich selbst verliebte, dass er sogar den Appetit verlor. In einer anderen Version der Geschichte fiel Narziss vor lauter Bewunderung ins Wasser und ertrank. Manche gehen auch von Selbstmord aus, weil ihm klar wurde, dass die Schönheit, die er gesehen hatte, für ihn unerreichbar war.

Die Quintessenz ist: *Narzissmus* kann als Fixierung auf das eigene Ich und die eigene Erscheinung definiert werden. Es ist, kurz gesagt, eine übermäßige und übertriebene Eigenliebe, die, aus Sicht des Narzissten, völlig gerechtfertigt ist. Sein Gewissen ist hart und unnachgiebig, und er ist nicht bereit, sich so zu sehen, wie er tatsächlich ist.

Die Überhöhung der Eigenliebe

Wo hat der Narzissmus seinen Ursprung? Er kam in die Welt, als Satan zu Adam und Eva sagte: „Ihr werdet sein wie Gott." Dieses Versprechen erfüllte sich zumindest teilweise, da der Mensch nun die Freiheit besaß, so zu leben, wie er wollte.

Sobald der Mensch zu seinem eigenen Gott wurde, verhielt er sich entsprechend. So wie der lebendige und wahre Gott immer das tut, was richtig ist und was er will (Psalm 115,3; NeÜ), meint der Narzisst in seiner verdrehten Wahrnehmung, mit allem recht zu haben. Und ja, auch er tut, was er will. In den meisten Fällen ist er unbelehrbar, weil er wahrhaftig davon überzeugt ist, alles am besten zu wissen und eine absolut einzigartige Sichtweise zu haben.

Wir wissen, dass alles für Gott und zu seiner Herrlichkeit existiert. Wie es in der Bibel heißt: „Du bist würdig, unser Herr und Gott, die Herrlichkeit und die Ehre und die Macht zu nehmen, denn du hast alle Dinge erschaffen, und deines Willens wegen waren sie und sind sie erschaffen worden" (Offenbarung 4,11). Genauso meint der Narzisst, dass *alle Dinge seinetwegen existieren*.

Lassen Sie es mich so ausdrücken: Ein Narzisst betrachtet alle Informationen unter zwei wichtigen Gesichtspunkten:

Wie wirkt sich das auf *mein* Ansehen aus?

Wie wirkt sich das auf *meine* Gefühle aus?

Es ist einem Narzissten ungemein wichtig, sich gut zu fühlen, und wenn jemand anderes mehr Anerkennung bekommt als er, dann reagiert er wütend und gekränkt. Seiner Meinung nach sind andere Menschen nur dafür da, sein Ego zu füttern, und wenn das unterbleibt, wird er fordernd, rachsüchtig und manipulierend. Er meint, ihm stünde Ehre zu, und wenn er nicht das bekommt, was ihm angeblich zusteht, dann übt er Vergeltung.

Narzissten haben hohe Ansprüche. Sie sind wirklich davon überzeugt, dass ihnen die Welt etwas schuldig sei, und wenn ihnen etwas versagt wird, was sie für ihr gutes Recht halten, reagieren sie typischerweise mit Wut, Enttäuschung und Depression. Sie gehen sehr weit, um „Gerechtigkeit", wie sie sie verstehen, zu erlangen. Dabei ist ihr Verständnis von Gerechtigkeit sehr zu ihren Gunsten verzerrt.

Der Narzisst steigert sich in seinen eigenen Ruhm, sein eigenes Streben nach Anerkennung hinein. Er ist besessen von seinem Äußeren, seinen tollen Leistungen und der Erwartung, gebührend anerkannt zu werden. In seinen Gedanken ignoriert er seine dunklen Seiten und setzt alles daran, eine schöne, anziehende Fassade aufrechtzuerhalten. Oft kommt er nicht umhin, über seine Erfolgsfantasien und seine völlig überzogenen Vorstellungen der eigenen Fähigkeiten zu reden.

Der Narzisst hat auch noch weitere „gottähnliche" Eigenschaften. Er ist kontrollversessen. Chaos zu schaffen oder zuzulassen ist einem Narzissten sehr wichtig, weil er dadurch Kontrolle ausüben kann; wenn er alle anderen aus dem Gleichgewicht bringt, dann steht er im Fokus der Aufmerksamkeit.

So hält er zum Beispiel seine Familie über seine eigene Meinung absichtlich im Unklaren, weil er als unberechenbar und geheimnisvoll-undurchschaubar gelten möchte. Gleichzeitig ist ihm seine eigene Meinung jedoch sehr wichtig, und er erwartet, dass sie respektiert wird. Man kann ihn nur schwer zufriedenstellen. Sobald seine Kinder (oder seine Frau) erkannt zu haben glauben, wie sie es ihm recht machen können, müssen sie feststellen, dass sie falsch liegen. Seine Erwartungen haben sich über Nacht geändert. Es ist, als würde man einen Ball in Richtung Tor schießen, und noch während der Ball in der Luft ist, verschiebt jemand das Tor nach hinten, sodass der Schuss nie weit genug reicht.

Narzissten sind immer kritisch. Sie machen andere Menschen klein; alle stehen unter ihnen und sind ihnen untertan. Die Fehler der anderen müssen also offengelegt werden, während ihre eigenen entschuldigt oder, noch besser, abgestritten werden.

Für Narzissten ist es so gut wie unmöglich, jemandem ein ernsthaftes Kompliment zu machen. Sie geben nur äußerst ungern zu, dass auch andere Menschen gute Seiten haben. Und wenn ein anderer Mensch gewinnt, so denkt der Narzisst, dass er selbst automatisch verliert. Er kann es nicht leiden, wenn ein anderer die Lorbeeren einheimst, weil er bei sich denkt: *Die hätten eigentlich mir zugestanden.* Schließlich ist er ja wie Gott – zumindest lautete so das Versprechen der Schlange im Garten Eden.

Der Narzisst besteht darauf, immer im Mittelpunkt zu stehen. Wenn er einen Raum betritt, nimmt er alle anderen Anwesenden als Konkurrenten wahr, die es auszuschalten gilt. Das tut er, indem er Kritik übt oder sich selbst in den Vordergrund spielt und Anerkennung fordert. Wenn er spricht, geht es in aller Regel um ihn selbst und das, was er erreicht hat. Er muss bei jeder Hochzeit die Braut spielen und bei jeder Beerdigung die Leiche. Immer geht es nur um ihn!

Kein Wunder, dass die selbstverliebten Narzissten ein gebrandmarktes Gewissen haben. In Bezug auf ihre eigenen Gefühle sind sie extrem sensibel, doch sie scheren sich nicht darum, wenn sie andere Menschen verletzen. Sie finden Wege, um ihr Gewissen ruhigzustellen, aber in der Regel mangelt es ihnen an Mitgefühl, weil sie ausschließlich mit sich selbst beschäftigt sind. Wenn sie Ihnen gegenüber unfreundlich sind, dann halten sie sich dennoch für weitaus freundlicher, als Sie eigentlich verdient hätten!

Und wenn sich jemand von seinem narzisstischen Ehepartner trennt? Dann entdeckt derjenige schon bald, dass dem anderen Fairness und Anstand völlig egal sind. Auch wenn man ihm alles gibt, was er fordert, will er noch mehr. Am Ende stellt man fest, dass es ihm überhaupt nicht um Gerechtigkeit geht, sondern darum, den anderen zu verunglimpfen, ihm Schuldgefühle einzureden und ihn, kurz gesagt, fertigzumachen.

Ich wiederhole: Narzissten sind extrem sensibel in Bezug auf ihre eigenen Gefühle, haben jedoch keinerlei Mitleid mit ihren Mitmenschen.

Überzogener Narzissmus

Ihre eigene Wirklichkeit

Wie ist ein Narzisst? Erstens hat er sich seine eigene Wirklichkeit geschaffen. Einem Narzisst ist die Wahrheit entbehrlich, wenn sie mit seinem Ego kollidieren und ihn daran hindern würde, das zu tun, was er tun will. Daher biegt er sich die Wahrheit oft zurecht oder ignoriert sie gleich ganz.

Wenn Sie gerade den Eindruck gewonnen haben, sie hätten Einigung mit einem Narzissten erzielt, müssen Sie feststellen, dass er die Wahrheit verdreht hat. Sie erinnern sich an ganz andere Dinge als er. Langsam fragen Sie sich: *Wer ist hier verrückt: ich oder er? Ich dachte, wir wären uns in diesem Punkt einig.*

Der Narzisst schafft sich seine eigene Realität und ist überzeugt davon, dass seine Version der Geschichte der Wahrheit entspricht. Egal, worum es geht, Schuld haben immer die anderen. Wahr ist immer das, was er sagt.

Wir haben gelernt, dass das Gewissen eines Narzissten gebrandmarkt und so sehr versengt ist, dass es in den meisten Fällen keiner Gefühle mehr fähig ist. Daher kann ein Narzisst auch nicht mit denen mitfühlen, die er verletzt. Wenn er ein Kind misshandelt, hört er noch nicht einmal das Weinen des kleinen Jungen: „Nein, Papa, bitte nicht schlagen."

Ihren eigenen Schmerz fühlen sie vehement

Gleichzeitig nehmen Narzissten ihren eigenen Schmerz extrem stark wahr. Eines der besten Beispiele für Narzissmus in der Bibel ist Kain, dessen Geschichte wir in 1. Mose 4,8-15 lesen. Kain tötete seinen Bruder Abel, worauf Gott sagte: „Flüchtig sollst du sein auf der Erde!"

Kain reagierte daraufhin verletzt: „Zu groß ist meine Strafe, als dass ich sie tragen könnte. Siehe, du hast mich heute von der Fläche des Ackerbodens vertrieben, und vor deinem Angesicht muss ich mich verbergen und werde unstet und flüchtig sein auf der Erde; und es wird geschehen: Jeder, der mich findet, wird mich erschlagen" (Verse 13 und 14).

Das war eine oscarreife Vorstellung zum Thema Selbstmitleid. Kain hatte seinen Bruder umgebracht, und dann beschwerte er sich darüber, dass er zum Flüchtling wurde und ihn jeder erschlagen durfte! Doch Gott war Kain gnädig und machte ein Zeichen an ihm, sodass ihm niemand ein Leid zufügen würde (Vers 15).

Ein Narzisst schlägt zu, lässt sein Opfer blutend am Wegesrand liegen und wendet sich dann voller Selbstmitleid ab. Ab und zu gibt er etwas zu, aber nur in abgeschwächter Form: „Okay, hier habe ich einen Fehler gemacht. Ich hatte eine Affäre. Es tut mir leid. Denken wir nicht mehr daran!" Ihm ist überhaupt nicht bewusst, welch tiefen Schmerz er verursacht hat. Er bemerkt die

Verletzungen gar nicht, denn ihm geht es nur darum, dieses Kapitel hinter sich zu lassen: „Was auch immer ich getan habe, war ja nicht so schlimm." Der Narzisst streitet sein böses Tun am liebsten ab, und wo das nicht geht, redet er es klein.

Sie richten schärfer über andere als über sich selbst

Aufgrund ihrer eigenen verzerrten Wahrnehmung sehen Narzissten andere Menschen als entweder vollkommen gut oder vollkommen schlecht. Ein Narzisst heiratet zum Beispiel eine Frau und betet sie an. Er sagt ihr: „Du bist der wunderbarste Mensch auf der Welt. Ich kann kaum glauben, dass ich das Vorrecht hatte, dich zu heiraten." *Blablabla.* Doch damit ist es aus, sobald sie seinen Erwartungen nicht mehr gerecht wird oder sein Ego nicht ausreichend füttert (was sie gar nicht könnte, da die Bedürfnisse eines narzisstischen Egos unstillbar sind). Von diesem Punkt an dämonisiert der Narzisst seine Frau, statt gemeinsam mit ihr das Problem anzugehen. Sie ist der schlechteste Mensch überhaupt. Alles, was sie tut, ist falsch.

Wie bereits gesagt, ist das der Grund, warum Ex-Ehepartner eines Narzissten nach einer Scheidung feststellen müssen, dass ihm kein Zugeständnis je genug ist. Ein Mann mit einer narzisstischen Ehefrau sagt vielleicht: „Okay, ich überlasse ihr das Haus und was auch immer sie sonst noch will, damit Frieden herrscht." Doch am Ende muss er feststellen, dass solche Zugeständnisse nie ausreichen werden, denn ihr eigentliches Ziel liegt darin, ihn zugrunde zu richten.

Auch wenn ich nicht ständig auf diesem Punkt herumreiten will, müssen wir uns klarmachen, dass man mit einem Narzissten einfach nicht vernünftig reden und ihn niemals zufriedenstellen kann. Das erklärt das Wort „unversöhnlich" in 2. Timotheus 3,3. Bislang hatte ich es noch nie in diesem Zusammenhang gesehen.

Narzissten sind *unversöhnlich!* Das Böse, das ihnen innewohnt, schreiben sie ihren Mitmenschen zu, also lügen und manipulieren sie und setzten ihre Gefühle gezielt ein, um ihre Version der

Wahrheit zu präsentieren. Fakten wollen und brauchen sie nicht. In ihrer Paranoia bilden sie sich ein, dass alle anderen gegen sie sind und ihnen etwas anhaben wollen.

Sie fragen einen Narzissten vielleicht: „Warum bist du dir da so sicher?", und er antwortet: „Ich weiß es eben." Was für interessante Menschen! Sie spüren die „Last der Sünde" genauso wenig, wie eine Leiche ein 50-kg-Gewicht spüren würde.

Das Leben mit einem Narzissten

„Von diesen (Menschen) wende dich weg!", warnt Paulus in 2. Timotheus 3,5. Ein guter Rat, aber schlecht umzusetzen, wenn man mit einem Narzissten verheiratet ist. Oder wenn jemand aus der Verwandtschaft oder von den Kollegen narzisstisch ist. Vermutlich kennen Sie so jemanden, denn etwa zehn Prozent der Bevölkerung gelten als narzisstisch[18] (wobei es schwer ist, eine genaue Diagnose zu stellen, da Narzissten nie zu einem Therapeuten gehen und um Hilfe bitten würden).

Auf einer Konferenz, bei der ich als Redner auftrat, sprachen mich zwei Paare an und erzählten mir, dass ihre Kinder jeweils einen Narzissten geheiratet hätten und inzwischen wieder geschieden seien. Nachdem ein Paar seine frühere Schwiegertochter beschrieben hatte, fragte ich: „Hat Ihr Sohn denn kein Warnsignal bemerkt? Gab es keine Anzeichen dafür, dass die junge Dame narzisstisch war?"

Die Frau antwortete: „Doch, als er sie gerade kennengelernt hatte, sagte er: ‚Ich habe eine wunderbare Frau getroffen, aber sie hält sich für den Nabel der Welt.' Das hätte ihm eine Warnung sein sollen."

Ja, sie war wunderbar. Vermutlich war sie quirlig, hatte ein einnehmendes Wesen und war sehr lustig, wie so viele Narzissten.

---

18 Siehe https://www.bpdcentral.com/faq/personality-disorders.

Sie können einen oft regelrecht um den Finger wickeln, sind äußerlich charmant und attraktiv und nehmen ihr Gegenüber leicht für sich ein. Geschwister in der Gemeinde halten den Betreffenden vielleicht für den tollsten Menschen auf Erden und beneiden seine Ehefrau um ihn. Doch zu Hause sieht es ganz anders aus, weil die Frau dann dazu herhalten muss, das Ego des Narzissten zu füttern.

Eine meiner Töchter hat in ihrem Beruf als Beraterin viel mit Narzissten zu tun. In einem unveröffentlichten Aufsatz beschrieb sie sie ausführlich; Auszüge daraus werde ich auf den folgenden Seiten zusammenfassen. Mein Ziel ist, Ihnen verstehen zu helfen, wie Narzissten denken und handeln, sodass Sie wiederum ihnen helfen können. Vielleicht können ihre Gewissen wieder neu sensibilisiert werden.

Nachfolgend gebe ich Ihnen einige praktische Tipps, wie man mit Narzissten umgehen und mit ihnen klarkommen kann, egal, ob es sich dabei um Verwandte oder Kollegen handelt.

Hören Sie sich ihre Geschichte an

Holen Sie tief Luft und denken Sie daran, dass auch Narzissten ihre eigene Geschichte haben. Haben Sie Geduld beim Zuhören. Vielleicht wurden sie in ihrer Kindheit missbraucht und missachtet. Vielleicht wuchsen sie in einem Alkoholiker-Haushalt auf, wo sie sich eine Art Selbstschutz zulegen mussten, der sich zum Narzissmus ausgewachsen hat.

Wir sollten auch daran denken, dass wir Narzissten, egal, wie viel Unheil sie auch anrichten, nicht darauf reduzieren dürfen. Sie sind in Gottes Ebenbild geschaffene Menschen, und wir sollten ihnen dienen und ihnen nach besten Kräften helfen.

Erwarten Sie nicht zu viel

Schrauben Sie Ihre Erwartungen herunter. Seien Sie nicht überrascht, wenn der eben noch so charmante Narzisst auf einmal bösartig wird. Ein Narzisst kann fröhlich und nett wirken, wenn er Besuch hat, doch sobald die Gäste gegangen sind, wandelt sich seine Fröhlichkeit ohne Grund in Wut, Kontroll- und Kritiksucht.

Wenn das passiert, denkt der überrumpelte Freund oder Ehepartner vielleicht: *Wer um alles in der Welt ist dieser Mensch? Haben wir nicht eben noch so viel Spaß zusammen gehabt? Wieso ist er auf einmal so wütend, seit der Besuch weg ist?* Denken Sie daran, dass ein Narzisst nicht das Bedürfnis hat, gut zu *sein*, sondern um jeden Preis gut *dazustehen*. Wenn Sie es also mit einem Narzissten zu tun haben, erwarten Sie nicht zu viel. Wenn er sich zum Guten zu wandeln scheint, rechnen Sie nicht damit, dass dies von Dauer ist.

Bleiben Sie selbst eine vollständige Persönlichkeit

Das Leben an der Seite eines Narzissten ist so schwierig, weil es unglaublich anstrengend ist, ihn ständig zufriedenstellen zu wollen und sein Ego zu füttern. Durch diese unrealistischen Erwartungen mutieren Sie leicht zu einer Maschine, während Ihr eigener Geist und Ihre Persönlichkeit kaputtgehen. Doch Sie müssen sich trotz dieses Kampfes als ganzen Menschen schützen. Das gelingt am besten, indem Sie sich mit Menschen umgeben, die Sie ermutigen und im Wachstum unterstützen. Ich rate Ihnen, sich eine gute Gemeinde zu suchen, vor allem aber einen Hauskreis oder eine Kleingruppe, wo mit Ihnen und für Sie gebetet wird, dass Sie Gottes Gnade empfangen.

Geben Sie dem Wunsch nach Rache nicht nach

Hier noch ein wichtiger Rat für alle, die unter der Tyrannei eines Narzissten leiden: *Wenn jemand gegen Sie sündigt, sündigen Sie nicht auch selbst.* Dafür ist uns unser Herr ein wunderbares Vorbild. Der Apostel Petrus sagte:

> *Denn hierzu seid ihr berufen worden; denn auch Christus hat für euch gelitten und euch ein Beispiel hinterlassen, damit ihr seinen Fußspuren nachfolgt; der keine Sünde getan hat, auch ist kein Trug in seinem Mund gefunden worden, der, geschmäht, nicht wieder schmähte,*

leidend, nicht drohte, sondern sich dem übergab, der gerecht richtet.
(1. Petrus 2,21-23)

Lernen Sie von David: Als sein Feind Saulus einen Speer nach ihm warf, floh David, statt den Speer aus der Wand zu ziehen und ihn zurückzuschleudern!

Denken Sie daran: Auch Narzissten können sich ändern

Stellen wir uns eine sehr wichtige Frage: Können sich Narzissten ändern? Ja, davon bin ich überzeugt, denn ich glaube, dass Gott die Macht hat, das Leben eines Menschen umzukrempeln. Wir sollten niemanden abschreiben, als würden Gottes Gnade und die Kraft des Evangeliums nicht auch für ihn gelten.

Außerdem bin ich der Meinung, dass auch Narzissten klare Momente haben. Eines Abends auf einer Konferenz predigte ich über Narzissmus, und am nächsten Tag sagte mir eine Frau: „Wissen Sie, mein Mann ist Narzisst."

Dann fuhr sie fort: „Er war gestern Abend auch hier, und meine Kinde schauten mich an, als wollten sie sagen: ,Von wem hier wohl die Rede ist?'"

Ihr Mann, so sagte sie, sei Bibellehrer (wundern Sie sich nicht, Narzissten kennen sich oft sehr gut in der Bibel aus, doch sie lassen nicht zu, dass dieses Wissen sie verändert). Er war nie einverstanden mit den Predigten anderer, weil sein Standard so hoch war. Also wollte ich wissen, was er von meiner Predigt gehalten habe. Ihr zufolge war es das erste Mal, wenn sie sich richtig erinnerte, dass er auf dem Heimweg kein Wort über die Predigt verlor. Offensichtlich war an diesem Abend ein Lichtstrahl in seine Seele gedrungen, und einen Augenblick lang sah er sich so, wie er wirklich war.

Narzissten sehen sich nur selten so, wie sie wirklich sind, aber das gilt für alle von uns. Wir alle verstecken uns, finden Entschuldigungen und präsentieren unsere Schokoladenseite. Doch in klaren Momenten lüftet unser gnädiger Gott den Vorhang unserer selbstgerechten Sicht, sodass wir uns erkennen, wie wir tatsächlich sind. Ohne dieses Bewusstsein ist keine Veränderung möglich.

Gottes Einladung an Narzissten – und den Rest von uns

Wir alle müssen uns daran erinnern, dass wir in der Gegenwart eines Gottes leben, der unsere Unsicherheiten und Ängste kennt, eines Gottes, der so tief in uns hineinsieht, dass es keinen Sinn macht, vor ihm davonzulaufen und uns zu verstecken. Narzissten, die Aufmerksamkeit und Kontrolle über andere einfordern, sollten sich bewusst machen, dass sie in der Gegenwart Gottes endlich wahrhaftig sein können; Gott, unser Vater, kann mit ihrem Zorn, ihrer Eifersucht und ihrer nicht eingestandenen Unehrlichkeit umgehen.

Darum halte ich Psalm 139 für so hilfreich, um einen inneren Wandel voranzubringen. In der Gegenwart eines Gottes, der alle unsere Gedanken und unser ganzes Leben kennt, können wir uns entspannen und uns selbst und ihm gegenüber zugeben, wer wir wirklich sind. Um besser zu verstehen, wie intensiv uns Gott kennt und wie sehr er sich wünscht, dass wir zu ihm kommen, werden wir uns ausgiebig mit Psalm 139 befassen. Hoffentlich sind wir am Ende bereit, uns das einzugestehen, was dabei ans Licht kommt. Dann wird uns bewusst, wie sehr wir von Gott angenommen sind und unsere Sehnsucht gestillt wird.

Gott kennt uns in- und auswendig
David beginnt mit den Worten: „HERR, du hast mich erforscht und erkannt" (Vers 1). Gott weiß bereits alles über uns; alles, was wir getan haben und möglicherweise noch tun könnten, ist ihm bekannt.

David fährt fort: „Du kennst mein Sitzen und mein Aufstehen, du verstehst mein Trachten von fern" (Vers 2). Wie oft haben Sie sich gestern hingesetzt und sind wieder aufgestanden? Ich weiß nicht mehr, wie oft das bei mir der Fall war. Doch Gott kennt die genaue Anzahl, und was vor 50 Jahren passiert ist, ist ihm genauso bekannt wie das, was gestern war. Er weiß alles ganz genau.

„Du verstehst mein Trachten von fern" (Vers 2). David meint damit: „Bevor ich etwas auch nur denke, ist es dir schon bekannt." Gott weiß, wie wenig wir Menschen ausstehen können, die uns herabwürdigen, die erfolgreicher, schöner und begabter sind als wir selbst. Gott kennt diese Gedanken.

Genauso sieht Gott, wenn wir scheinheilig so tun, als würden wir Menschen lieben und wertschätzen, obwohl wir sie nicht leiden können. Er weiß, welche Seiten wir uns im Internet anschauen und danach den Browserverlauf löschen. Ihm ist das alles bekannt. Nichts geht an ihm vorüber.

David sagt weiter: „Denn das Wort ist noch nicht auf meiner Zunge – siehe, HERR, du weißt es genau" (Vers 4). Bevor wir in Gedanken Wörter formen und sie tatsächlich aussprechen, kennt Gott sie bereits. Mehr noch, er weiß sogar alles, was wir gerne sagen würden, uns aber nicht trauen. Er kennt auch die Worte, die wir nur im Herzen aussprechen.

Wenn Sie ein Narzisst sind, denken Sie daran, dass Gott unsere Ängste kennt. Er weiß um Ihre Furcht, sich vor anderen Menschen, die Sie unbedingt beeindrucken wollen, die Blöße zu geben. Er kennt alle Ihre Schuld, die Sie zu verbergen suchen. Er weiß, wie sehr Sie sich der Wahrheit über sich selbst verschließen. Sie kommen mit verschränkten Armen zur Gemeinde und kritisieren alles, denn Sie können ja nicht zulassen, dass Gott Ihnen nahekommt und Ihnen zeigt, was Sie ändern müssen.

Aber – und das gilt mit Sicherheit für uns alle – Gott lässt sich von unserer Engstirnigkeit und unseren verschränkten Armen nicht ausbremsen. Er kennt uns in- und auswendig, wir dürfen also in seiner Gegenwart ruhig ehrlich sein.

Gott kennt uns bis in alle Ewigkeit

Nichts bleibt vor Gott verborgen. In den Versen 9 bis 12 fährt David fort:

Erhöbe ich die Flügel der Morgenröte, ließe ich mich nieder am äußersten Ende des Meeres, auch dort würde deine Hand mich leiten und deine Rechte mich fassen. Und spräche ich: Nur Finsternis möge mich verbergen und Nacht sei das Licht um mich her: Auch Finsternis würde vor dir nicht verfinstern, und die Nacht würde leuchten wie der Tag, die Finsternis wäre wie das Licht.

Übrigens geschehen die meisten Straftaten bei Nacht, weil die Kriminellen den Schutz der Dunkelheit suchen, um ihre Taten zu verdecken. Doch für Gott ist es so, als würden wir alle unsere Taten bei hellem Tageslicht begehen. Wir können vor ihm nichts geheim halten.

David wird in seinem Lobgesang auf den allwissenden Gott nun ganz persönlich: „Denn du bildetest meine Nieren. Du wobst mich in meiner Mutter Leib" (Vers 13). Damit sagt er im Grunde: „Du hast die Entwicklung meiner DNA überwacht und meine Gene so zusammengestellt, dass genau meine Persönlichkeit entstand."

Gott hat Sie so geschaffen, wie Sie sind, nicht wie jemand anderen. Er war da und überwachte Ihre Entwicklung als Embryo. Dabei machte er keine Fehler, er musste nie sagen: „Ach, damit habe ich jetzt gar nicht gerechnet."

Haben Sie sich je klargemacht, dass Gott sich nichts klarmachen muss? Er kennt Sie bereits die ganze Ewigkeit lang. Er weiß, was Ihnen noch bevorsteht. Er muss nicht abwarten, wie sich die Dinge entwickeln.

David schreibt weiter: „Nicht verborgen war mein Gebein vor dir, als ich gemacht wurde im Verborgenen, gewoben in den Tiefen der Erde" (Vers 15). Gott war auch dabei, als David im Leib seiner Mutter entstand. Der Psalmist fährt fort: „Meine Urform sahen deine Augen. Und in dein Buch waren sie alle eingeschrieben, die Tage, die gebildet wurden, als noch keiner von ihnen da war" (Vers 16).

Kein Wunder, dass David anschließend in Lobpreis ausbricht: „Wie kostbar, Gott, sind mir deine Gedanken! Es sind so unfassbar viele!" (Vers 17; NeÜ).

Mit jeder Welle, die an den Strand plätschert, ändert sich die Anordnung der Sandkörner. Aufgrund der Geschwindigkeit, mit der die Wellen auf den Strand treffen, ist der Sand in ständiger Bewegung. Nun stellen Sie sich vor: Gott weiß genau, wo sich jedes einzelne Sandkorn an jedem Strand der Welt zu jeder Zeit befindet. Unglaublich!

Gott zeigt uns, was er sieht

Nun wird David in seinen Gedanken noch persönlicher: „Erforsche mich, Gott, und erkenne mein Herz. Prüfe mich und erkenne meine Gedanken!" (Vers 23).

Moment mal. Widerspricht sich David hier nicht? Am Anfang dieses Psalms hat er doch noch betont: „HERR, du hast mich erforscht und erkannt." Nun endet er aber mit den Worten: „Erforsche mich."

Wenn Gott ihn bereits erforscht hat, warum bittet David ihn darum, ihn erneut zu erforschen? Die Antwort ist eindeutig. David sagt hier: „Herr, ich weiß, dass du alles über mich weißt, aber ich bitte dich, *mir zu zeigen, was du siehst.*"

Dieses Gebet gilt für uns alle. In Gottes Gegenwart dürfen wir vollkommen ehrlich sein, denn wir können ihm nichts erzählen, was er nicht sowieso schon weiß. Wir dürfen ihm unser Herz ausschütten und Gott bitten, uns bei der Erforschung unseres Herzens zu helfen. Zum Beispiel können wir sagen: „Zeig mir so viel von meinem wahren Ich, wie ich begreifen kann; zeig mir, inwieweit mein Stolz deiner Gnade im Weg steht. Zeig mir meine Ängste, meine Unsicherheiten; zeig mir meinen Zorn, meine Rachegelüste und mein selbstsüchtiges Herz. Nimm mein gebrandmarktes Gewissen und ersetze es durch ein weiches Herz."

Wir wünschen uns ein reines Gewissen, das den Schmerz anderer Menschen mitfühlen kann. Wir wollen nicht als jemand charakterisiert werden, der „unfähig zu Gefühlen" ist.

In dem sicheren Wissen, dass Gott uns kennt, können wir zugeben, wer wir wirklich sind, und müssen uns nicht vor Ablehnung oder Zurückweisung fürchten. Daraus erwächst wiederum die Sicherheit, dass wir auch anderen Menschen gegenüber ehrlich sein können. Unsere Masken können wir zu Boden fallen lassen, denn wir ruhen in der Gewissheit, geliebt und angenommen zu sein von einem Gott, der jeden einzelnen unserer Fehler kennt und uns dennoch liebt.

Egal, wie weit ausgeprägt unser Narzissmus ist, wir alle können uns zum Bibelstudium zusammentun und andere darum bitten, für uns zu beten. Wir brauchen nicht länger die Scharade unser eigenen Vollkommenheit und Rechtschaffenheit zu spielen, sondern können vor Gott und den Menschen ehrlich sein.

Unsere Reaktion auf Gottes Wahrheit

In einem Gleichnis betonte Jesus, wie wichtig Ehrlichkeit ist, um Veränderung zu bewirken: „Zwei Menschen gingen hinauf in den Tempel, um zu beten, der eine ein Pharisäer und der andere ein Zöllner. Der Pharisäer stand und betete bei sich selbst so: Gott, ich danke dir, dass ich nicht bin wie die Übrigen der Menschen: Räuber, Ungerechte, Ehebrecher oder auch wie dieser Zöllner. Ich faste zweimal in der Woche, ich verzehnte alles, was ich erwerbe" (Lukas 18,10-12).

Der Pharisäer sagte also mit anderen Worten: „Gott, es gibt nichts, wofür ich mich schämen müsste. Der Zöllner dort drüben schon, aber ich nicht. Ich stehe hier vor dir als ein Beispiel für Klugheit, Disziplin und Rechtschaffenheit."

Jesus fuhr fort: „Der Zöllner aber stand weitab und wollte sogar die Augen nicht aufheben zum Himmel, sondern schlug an seine Brust und sprach: Gott, sei mir, dem Sünder, gnädig! Ich sage euch: Dieser ging gerechtfertigt hinab in sein Haus, im Gegensatz zu jenem; denn jeder, der sich selbst erhöht, wird erniedrigt werden; wer aber sich selbst erniedrigt, wird erhöht werden" (Verse 13-14).

Der Zöllner betete also ganz anders: „Gott, habe Erbarmen mit mir und gewähre mir die Gnade deiner Vergebung." Er betete voller Glauben und richtete seinen Blick auf den von Gott verheißenen Erlöser, der dessen Anforderungen an Heiligkeit entsprechen würde – weshalb er schließlich am Kreuz starb. Er wurde zum Opfer, damit alle, die an ihn glauben, gerettet werden.

Kehren wir einen Moment lang zu der Liste mit Sünden zurück, die wir zu Beginn dieses Kapitels behandelt haben. Paulus sprach zum Schluss von Menschen, „die eine Form der Gottseligkeit haben, deren Kraft aber verleugnen" (2. Timotheus 3,5). Sie geben vor, Gott zu kennen, wissen aber nichts von seiner Macht, weil sie sich nie von ihm haben verändern lassen.

Jesus lehrt uns hier, *dass es uns leichter fällt, unsere Sünden zu bereuen als unsere Selbstgerechtigkeit!* Wenn der Narzisst die Notwendigkeit nicht einsieht, Buße zu tun, dann gibt es kaum Hoffnung auf eine Verhaltensänderung. Dabei reicht es nicht aus, dass er einzelne Sünden anerkennt; ihm muss bewusst werden, dass er ein verhärteter Sünder ist, der von Gott zerbrochen werden muss. Reue muss mehr sein als ein momentanes Gefühl; sie sollte uns zu einer lebenslangen und vollständigen Abhängigkeit von Gott führen.

Es gibt Hoffnung für den zerbrochenen Sünder, der voller Verzweiflung über seine eigene Sündhaftigkeit zu Gott schreit. Keine Hoffnung gibt es dagegen für den Selbstgerechten, solange er sich zwar einer gewissen Schuld bewusst ist, diese aber nicht für so schlimm wie die der anderen erachtet. Selbstgerechtigkeit ist der größte Feind von emotionaler und geistlicher Heiligung. Mehr als jede andere Sünde ist sie ein Hindernis für erfüllende Beziehungen.

Gnade kann nicht durch geschlossene Türen eintreten.

Eine Bibelstelle zum Nachdenken

(Gott) gibt aber desto größere Gnade. Deshalb spricht er: „Gott wi-
dersteht den Hochmütigen, den Demütigen aber gibt er Gnade." Un-
terwerft euch nun Gott! Widersteht aber dem Teufel! Und er wird von
euch fliehen. Naht euch Gott! Und er wird sich euch nahen. Säubert
die Hände, ihr Sünder, und reinigt die Herzen, ihr Wankelmütigen! ...
Demütigt euch vor dem Herrn! Und er wird euch erhöhen. (Jakobus
4,6-8.10)

Weiterführende Fragen zur Vertiefung:

◊ Sind Sie bereit, sich die Zeit zu nehmen, dass Gott Ihnen
  die tiefsten Bedürfnisse Ihres Herzens offenbaren kann?
◊ Welche Veränderungen müssen Sie in Ihrer inneren
  Haltung anstreben?
◊ Welche Schritte können Sie in Angriff nehmen, um eine
  solche Veränderung zu bewirken?

9

FÜR IMMER VERGEBEN

Bring Gott deine Sünden,
und er wirft sie weit weg in die Wüste des Vergessens,
und du siehst sie nie wieder.

D. L. Moody

Der große Reformator Martin Luther hatte schwer mit seinem Gewissen zu kämpfen. Aus diesem Grund wurde er auch Mönch in dem verzweifelten Versuch, seine gequälte Seele zu beruhigen. Er litt unter einem überwältigenden Schuldgefühl und war aufgrund seiner Fehler zutiefst verzweifelt.

Als Mönch schwor er dem eigenen Willen ab, schlief ohne Decke auf dem Boden und opferte sich auf verschiedene Weise auf, um sein Fleisch zu züchtigen. Darin war er diszipliniert und hart – auch im Bekennen seiner Sünden. Manchmal verbrachte er Stunden in der Beichte, damit nur ja keine Sünde, wie nebensächlich sie auch scheinen mochte, ungebeichtet blieb. Trotzdem quälte ihn sein Gewissen weiterhin.

Erst durch das Lesen der Bibel wurde Luther nach und nach klar, dass er auf dem falschen Weg war. Er hatte gedacht, dass er, wenn er alle Anforderungen erfüllte – darunter das vollständige

Bekenntnis aller seiner Sünden – gerechtfertigt vor Gott stehen würde. Doch dann wurde er auf Römer 1,17 aufmerksam: „Der Gerechte aber wird aus Glauben leben." Während der weiteren Lektüre des Römerbriefes verstand er, dass Rechtschaffenheit ein Geschenk von Gott an Sünder ist. Wie es in Römer 4,3 heißt: „Abraham aber glaubte Gott, und es wurde ihm zur Gerechtigkeit gerechnet."

Tag und Nacht sann Luther nach über den Zusammenhang zwischen „der Gerechte aber wird aus Glauben leben" und der Tatsache, dass Abraham von Gott gerecht gesprochen wurde. Als ihm klar wurde, dass Gerechtigkeit oder Rechtschaffenheit ein Geschenk ist, war es ihm, so sagte Luther, als sei er durch die Tür zum Paradies eingetreten. Es war nicht länger wichtig, wie hoch Gottes Standard ist (nämlich vollständige und vollkommene Gerechtigkeit). So lange wie Jesus diesen Standard an Luthers statt erfüllte, war Luther frei. Ihm war vergeben. Vor Gott war er gerecht.

In 2. Korinther 5,21 heißt es: „Den, der Sünde nicht kannte, hat er für uns zur Sünde gemacht, damit wir Gottes Gerechtigkeit würden in ihm." Machen Sie sich das bewusst: Jesus bekam das, was er nicht verdiente (unsere Sünde), damit wir das bekommen, was wir nicht verdienen (seine Gerechtigkeit). Das war der wunderbare Tausch. In einem alten Kirchenlied wird es so beschrieben:

Die Sonn in Finsternis sich hüllt,
beraubt all ihrer Herrlichkeit,
als Christ, der Schöpfer, für uns starb
und trug die Sünd der Welt.[19]

---

19   „Alas! And Did My Savior Bleed?" von Isaac Watts (1707), Nachdichtung durch die Übersetzerin

Gott hat sich um alles gekümmert

Wenden wir uns nun Römer 8 zu, einem der bedeutendsten Kapitel der gesamten Bibel. Wäre die Bibel ein mit Edelsteinen besetzter Ring, wäre der Römerbrief der Stein in der Mitte. Und die Spitze dieses Edelsteins ist Kapitel 8.

Der Apostel Paulus beginnt das Kapitel mit der wunderbaren Feststellung: „Also gibt es jetzt keine Verdammnis für die, die in Christus Jesus sind." Und am Ende macht er uns die unglaubliche Zusage:

Wer wird gegen Gottes Auserwählte Anklage erheben? Gott ist es, der rechtfertigt. Wer ist, der verdamme? Christus Jesus ist es, der gestorben, ja noch mehr, der auferweckt, der auch zur Rechten Gottes ist, der sich auch für uns verwendet. Wer wird uns scheiden von der Liebe Christi? Bedrängnis oder Angst oder Verfolgung oder Hungersnot oder Blöße oder Gefahr oder Schwert? Wie geschrieben steht: „Deinetwegen werden wir getötet den ganzen Tag; wie Schlachtschafe sind wir gerechnet worden."

Aber in diesem allen sind wir mehr als Überwinder durch den, der uns geliebt hat. Denn ich bin überzeugt, dass weder Tod noch Leben, weder Engel noch Gewalten, weder Gegenwärtiges noch Zukünftiges, noch Mächte, weder Höhe noch Tiefe, noch irgendein anderes Geschöpf uns wird scheiden können von der Liebe Gottes, die in Christus Jesus ist, unserem Herrn. (Verse 33-39)

Schauen Sie sich noch einmal die Frage in Vers 33 an: „Wer wird gegen Gottes Auserwählte Anklage erheben?" Natürlich kann es sein, dass Sie wegen bestimmter irdischer Vergehen angezeigt werden – von Ihrem Ehepartner, Ihren Kollegen, der Polizei – und mit einer Anklage vor Gericht rechnen müssen. Vielleicht klagt aber auch Ihr eigenes Gewissen Sie an. Es erinnert Sie an etwas, das Sie getan haben, und Sie fühlen sich schuldig deswegen. Genau dieser Herausforderung sah sich Luther gegenüber.

Wir neigen dazu, uns in Schuldgefühlen zu suhlen. Und Satan ist uns dabei nur allzu gerne behilflich. In der Bibel lesen wir, dass er die Heiligen Tag und Nacht anklagt. Das ist ein Vollzeitjob für ihn. Dabei klagt er uns nicht nur mit Worten an, sondern auch mit unseren Gefühlen. Daher fühlen wir uns verdammt, unterlegen und unfähig, Gott zu gefallen. Vielleicht hassen wir uns sogar selbst, weil wir bestimmte Versuchungen einfach nicht ein für alle Mal überwinden können.

Egal, auf welcher Grundlage diese Anklagen beruhen, wir müssen daran denken: „Gott ist es, der rechtfertigt" (Vers 33). D. h., sein Urteil fällt anders aus. Wenn wir im Glauben die Gerechtigkeit angenommen haben, die uns Christus durch seinen Tod am Kreuz anbietet, dann ist uns vergeben. Ja, Gott hat uns vergeben, doch das ist noch längst nicht alles.

In Römer 8 macht Paulus deutlich, dass uns nicht nur vergeben ist, sondern dass Gott uns offiziell für so gerecht erklärt, wie er selbst ist. Luther begriff, dass niemand in den Himmel kommt, der nicht so vollkommen ist wie Gott. Das ist richtig. Und wir haben keinerlei Möglichkeit, diese Gerechtigkeit zu erlangen. Es sei denn, Gott gibt sie uns.

Der biblische Begriff für das, was Gott getan hat, lautet *Rechtfertigung*. Damit erklärt Gott: „Ich erkläre dich für vollkommen, freigesprochen, und zwar für alle Ewigkeit."

Vielleicht kennen Sie die nachfolgende Illustration bereits, doch da sie so treffend veranschaulicht, worum es in diesem Kapitel geht, möchte ich sie Ihnen noch einmal erzählen. Nehmen Sie an, Sie würden beim Rasen auf der Autobahn erwischt. Sie müssen vor Gericht erscheinen, und Ihre Schuld ist eindeutig. Sie müssen bestraft werden. In diesem Augenblick erhebt sich der gutherzige Richter, zieht seine Robe aus, stellt sich neben Sie, zückt sein Portemonnaie und bezahlt den Betrag selbst. Dann geht er zu seinem Richterstuhl zurück und sagt: „Ihre Strafe wurde beglichen und Ihre Schuld in vollem Umfang gesühnt. Dem Gesetz wurde Genüge getan, da ich die Strafe für Sie bezahlt habe. Ihre Strafakte wird nun geschlossen."

Genau das bedeutet Rechtfertigung aus Glauben. Jesus Christus hat durch seinen Tod am Kreuz Ihre Schuld bezahlt. Aufgrund Ihrer Sünde sahen Sie der ewigen Verdammnis, der ewigen Trennung von Gott entgegen. Doch Christus nahm die Strafe dafür auf sich und schenkte Ihnen dafür seine Gerechtigkeit.

Manche Menschen sagen: „Rechtfertigung bedeutet also, dass es so ist, *als hätte ich nie gesündigt.*" Ja, das stimmt, aber es bedeutet noch viel mehr. Es ist nicht nur so, als hätten wir nie gesündigt, sondern als wären wir Gott jederzeit vollkommen gehorsam gewesen. Unsere Erlösung beruht ausschließlich auf Gottes Gerechtigkeit, die er uns zuspricht.

Was es heißt, von Gott gerechtfertigt zu sein

Im Rest dieses Kapitels möchte ich mich gerne ausführlich mit diesem Thema der Rechtfertigung befassen. Wenn Ihnen erst einmal bewusst ist, was für eine unglaubliche Bedeutung unsere Rechtfertigung hat, wird vermutlich für den Rest Ihres Lebens kein Tag mehr vergehen, an dem Sie nicht an diese wunderbaren Zusagen denken müssen. Zumindest ist das bei mir der Fall. Diese biblischen Wahrheiten werden zu einem überwältigenden Gefühl der Befreiung führen – Befreiung von Schuld und von einem schlechten Gewissen.

Nachfolgend lesen Sie fünf kurze Begriffe, die zusammenfassen, worum es bei der Rechtfertigung geht.

1. Geschenkt

Die Gerechtigkeit Gottes, die uns zugerechnet wird, muss uns von Gott geschenkt werden. Wir können sie nicht selbst erlangen. Wir können sie uns nicht verdienen. Wir können ihr nichts hinzufügen. So wie auch aus einer Milliarde Bananen niemals eine Orange wird, kann alle menschliche Gerechtigkeit der Welt niemals die Gerechtigkeit Gottes erreichen. Wenn wir gerecht werden wollen, muss Gott das in uns wirken. Unsere eigenen Werke können absolut nichts dazu beitragen.

Ist Ihnen klar, was das bedeutet? Wir alle stehen als verdammte Sünder vor Gott. Niemand von uns ist gerecht. Selbst wenn Sie nie einen Mord oder eine andere schwere Straftat begangen haben, sind Sie dennoch kein rechtschaffener Mensch – genauso wenig wie der übelste Verbrecher.

Wenn Gott einem Sünder vergibt, dann macht es für ihn also keinerlei Unterschied, ob Sie ein „großer" oder „kleiner" Sünder sind. Obwohl Sie so absolut unrechtschaffen sind – unabhängig von der Schwere Ihrer Sünde –, rechnet Gott Ihnen seine vollkommene Gerechtigkeit zu. Durch Jesu Tod am Kreuz sind Sie nicht länger verdammt, sondern von Gott angenommen. Das gilt unabhängig von ihrer Vergangenheit für alle, die ihren Glauben auf Jesus setzen.

Ein Gefängnisinsasse schrieb mir einst und erzählte, dass er vier Frauen sexuell missbraucht und dadurch ihre Leben zerstört hatte. Seine Frage war: „Gibt es Vergebung für mich?" Weil seine Taten so schrecklich waren, ist unsere erste Reaktion wahrscheinlich: „Nein, fahr zur Hölle, denn dort gehörst du hin." Doch dann müssen wir uns daran erinnern, dass auch wir eigentlich in die Hölle gehören. In Römer 3,10-11 heißt es: „Da ist kein Gerechter, auch nicht einer; da ist keiner, der verständig ist; da ist keiner, der Gott sucht."

Ich schrieb ihm zurück und sagte, um noch einmal auf eine zuvor in diesem Buch verwendete Illustration zurückzukommen, ungefähr Folgendes: „Stellen Sie sich zwei Wege vor. Einer wird viel genutzt. Er ist eben, und am Rand wachsen wunderschöne Blumen. Der andere Weg ist ganz verwildert. Er hat tiefe Furchen, ist schlammig, und man kann nur unter Schwierigkeiten darauf gehen.

Stellen Sie sich weiter vor, dass auf einen Schlag ein halber Meter Neuschnee fällt. Nun können Sie die beiden Wege nicht mehr unterscheiden, da beide von Schnee bedeckt sind."

„Kommt denn und lasst uns miteinander rechten!, spricht der HERR. Wenn eure Sünden rot wie Karmesin sind, wie Schnee sollen sie weiß werden. Wenn sie rot sind wie Purpur, wie Wolle sollen sie werden" (Jesaja 1,18). Ich sagte dem Gefängnisinsassen also: „Ja, die Gerechtigkeit Jesu kann auch Ihre Sünde bedecken, so wie sie auch meine zudeckt." Das ist die gute Nachricht des Evangeliums: Alle Gläubigen erhalten kostenlos Gottes Vergebung. Sie ist ein Geschenk. Egal, wie sehr wir uns bemühen, Gott durch unsere guten Werke zu gefallen, schlägt die Waage nie zu unseren Gunsten aus. Ohne Gottes Geschenk sind wir auf dem Weg in die Verdammnis. Doch weil Jesus die Strafe für unsere Sünden bezahlt hat, kann er uns die Gerechtigkeit Gottes zusprechen.

2. Vollständig

Wenn Sie mit Sünden aus Ihrer Vergangenheit zu kämpfen haben und Gottes Vergebung anzweifeln, können Ihnen meine nächsten Worte vielleicht sehr helfen. Wenn Sie Jesus als Ihren Erlöser annehmen, sind Ihnen alle Ihre Sünden offiziell vergeben – die vergangenen, die gegenwärtigen und die zukünftigen. Ihnen ist also *vollständig* vergeben. So muss es sein, und so lehrt es auch die Bibel. Wie viele Ihrer Sünden lagen noch in der Zukunft, als Jesus Christus starb? Alle, denn vor 2000 Jahren waren Sie ja noch nicht auf dieser Welt. Als er ans Kreuz ging, starb er für Sünden, die noch nicht begangen waren. Er wusste, was Sie alles tun würden, und bezahlte das mit seinem Werk am Kreuz. In Hebräer 10,14 heißt es: „Denn mit einem Opfer hat er die, die geheiligt werden, für immer vollkommen gemacht." Haben Sie die Formulierung „für immer vollkommen" bemerkt? Das Wort „vollkommen" bezieht sich auf einen Zustand, der bereits erreicht wurde. Wir sind *vollständig* vollkommen gemacht.

Dasselbe lesen wir auch in Kolosser 2,13-14:

Und euch, die ihr tot wart in den Vergehungen und in dem Unbeschnittensein eures Fleisches, hat er mit lebendig gemacht mit ihm, indem er uns alle Vergehungen vergeben hat. Er hat den Schuldschein gegen uns gelöscht, den in Satzungen bestehenden, der gegen uns war, und ihn auch aus unserer Mitte fortgeschafft, indem er ihn ans Kreuz nagelte.

Wenn zur damaligen Zeit jemand gekreuzigt wurde, wurde sein Vergehen in einer Inschrift über ihm am Kreuz angebracht. Im Fall Jesu hatte Pilatus geschrieben: „Dieser ist der König der Juden" (Lukas 23,38). Darin bestand sein Verbrechen – dass er sich als Messias bezeichnete. Dieses „Vergehen" wurde mit ihm ans Kreuz genagelt.

Im übertragenen Sinn wurden alle Ihre Sünden ans Kreuz genagelt. Und Gott sagte: „Ich kümmere mich um all diese Sünden, indem Jesus die Strafe dafür bezahlt." Stellen Sie sich vor, wie sich Luther gefühlt haben muss, als er begriff, dass seine Sünden nicht länger auf ihm lasteten – sondern auf Jesus. In 2. Korinther 5,21 lesen wir: „Den, der Sünde nicht kannte, hat er für uns zur Sünde gemacht, damit wir Gottes Gerechtigkeit würden in ihm."

Wenn es bei unserer Erlösung nur um die Sünden der Vergangenheit ginge, könnten wir nie sicher wissen, ob wir Frieden mit Gott haben, denn wer weiß schon, was morgen oder übermorgen passiert? Wir müssten ständig alle neuen Sünden bekennen.

Doch die Bibel betont, dass unsere Rechtfertigung vollständig ist. Sie ist vollbracht. Sie sind aus der nicht enden wollenden Tretmühle der guten Werke befreit, mit denen Sie Gott zu gefallen versuchten. Ihre Entscheidung, Jesus als Ihren Erlöser anzunehmen, hatte nicht nur Auswirkung auf Ihre vergangenen Sünden, sondern auf die ganze Ewigkeit.

Das wirft folgende Frage auf: Bekennen wir Christen trotzdem noch Sünden, die wir im Lauf unseres Lebens begehen? Ja! Wir haben die gute Nachricht des Evangeliums angenommen, wir wurden offiziell von all unseren Sünden freigesprochen, und der Weg in den Himmel steht uns offen, und doch bekennen wir unsere Sünden. Es ist eine geistliche Übung, die Gott uns auferlegt, damit wir in ungetrübter Gemeinschaft mit ihm wandeln können.

Unsere Erlösung ist uns sicher bis in alle Ewigkeit – alle unsere Sünden wurden uns vergeben. Das ist unsere *Stellung* vor Gott. Doch in der *Praxis* sündigen wir immer noch jeden Tag. Und das stört unsere Beziehung zu Gott. Wie ich bereits betont habe, sollten wir, wenn wir unsere Sünden bekennen, uns gleichzeitig die Wahrheit über unsere Stellung vor Augen halten: dass wir in Gottes Augen gerecht gesprochen sind. Es kann tatsächlich sein, dass unsere Gemeinschaft mit Gott gestört ist, doch unsere offizielle Stellung vor Gott bleibt davon unberührt.

3. Garantiert

Wenn Sie Jesus Christus als Ihren Erlöser annehmen und seine Gerechtigkeit empfangen, ist Ihnen Ihr Ziel bis in alle Ewigkeit sicher. Wie bereits besprochen, fragt Paulus in Römer 8,35: „Wer wird uns scheiden von der Liebe Christi? Bedrängnis oder Angst oder Verfolgung oder Hungersnot oder Blöße oder Gefahr oder Schwert?" Und die überwältigende Antwort der darauf folgenden Verse lautet: *nichts!*

Jesus sagt von seinen Schafen: „Sie gehen nicht verloren in Ewigkeit, und niemand wird sie aus meiner Hand rauben. Mein Vater, der sie mir gegeben hat, ist größer als alle, und niemand kann sie aus der Hand meines Vaters rauben" (Johannes 10,28-29).

Als Christ ist Ihnen Ihre Bestimmung sicher. Deswegen schreibt Paulus in Epheser 2, dass Gott „auch uns, die wir in den Vergehungen tot waren, mit dem Christus lebendig gemacht (hat) – durch Gnade seid ihr gerettet! *Er hat uns mitauferweckt und mitsitzen lassen in der Himmelswelt in Christus Jesus*" (Verse 5 bis 6, Hervorhebung durch den Autor). Beachten Sie, dass Paulus „hat uns mitauferweckt" in der Vergangenheitsform schreibt. In Jesus haben wir unseren Sitz im Himmel bereits eingenommen – dieser Deal ist bereits unter Dach und Fach. Wir können absolut sicher sein, *dass* wir in den Himmel kommen.

4. Persönliche Gewissheit

Selbst nach Ihrem Freispruch durch Gott haben Sie vielleicht noch mit Schuldgefühlen zu kämpfen. Denken Sie zum Beispiel an die Geschichte von dem Autofahrer, der mit überhöhter Geschwindigkeit erwischt wurde. Obwohl es der Fahrer war, der gegen das Gesetz verstoßen hatte und Strafe verdiente, beschloss der Richter, die Strafe selbst zu bezahlen, obwohl ihn keine Schuld traf.

Nun ist es natürlich möglich, dass der Autofahrer den Gerichtssaal verlässt und sich sagt: „Ich weiß, dass ich schuldig bin, die Geschwindigkeitsbegrenzung überschritten zu haben. Auch wenn mich der Richter freigesprochen hat, fühle ich mich schuldig."

Wenn Sie sich so fühlen wegen etwas in Ihrer Vergangenheit, dann müssen Sie Ihr Gewissen umerziehen, denn es belügt Sie. Es will Ihnen einreden, dass Sie in einer Sache schuldig sind, für die Gott Sie bereits freigesprochen hat. Natürlich kann es sein, dass Sie hier auf der Erde die Konsequenzen für ein Fehlverhalten tragen müssen (zum Beispiel ein Bußgeld für überhöhte Geschwindigkeit). Das ist zu erwarten. Doch vor Gott haben Sie eine reine Weste. Ihnen ist vergeben. Wenn Sie sich dennoch schuldig fühlen, müssen Sie Ihr Gewissen neu justieren. Trauen Sie Ihren Gefühlen nicht, denn die werden Ihnen Lügen ins Gesicht schreien, um Sie fertigzumachen.

Vor einiger Zeit war ich zum Beispiel auf dem Weg zu einer Gemeinde in Michigan, wo ich predigen sollte. Aus irgendeinem Grund hatte ich extrem schlechte Laune. Als ich mein Auto 15 Minuten vor Beginn der Predigt parkte, fühlte ich mich schuldig. Ich kam mir wie ein Versager vor. Ich fühlte die Last meiner Sünden auf mir. Und ich begann mich zu fragen: Durfte ich in so einer wütenden Verfassung die Kanzel besteigen und über die Schönheit des Evangeliums predigen?

Ich war alleine im Auto, also sagte ich mir selbst mit lauter Stimme den Vers auf: „Wer wird gegen Gottes Auserwählte Anklage erheben? Gott ist es, der rechtfertigt. Wer ist, der verdamme? Christus Jesus ist es, der gestorben, ja noch mehr, der auferweckt, der auch zur Rechten Gottes ist, der sich auch für uns verwendet" (Römer 8,33-34). Und innerhalb von Minuten richtete sich mein Gewissen anhand der Bibel neu aus, und ich konnte über ein ähnliches wie in diesem Kapitel behandeltes Thema predigen. Ein auch anwesender Missionar kam anschließend zu mir und sagte: „Wenn ich diese Predigt vor 20 Jahren gehört hätte, wäre ich von all meinen Schuldgefühlen und Kämpfen befreit worden, unter denen ich die ganzen Jahre über auf dem Missionsfeld zu leiden hatte."

Ja, es gibt Zeiten, in denen wir unser Gewissen umerziehen müssen, damit es mit dem Wort Gottes übereinstimmt. Gleichzeitig dürfen wir es jedoch auch nicht mundtot machen. Wir dürfen es nicht ignorieren. Doch wenn Sie sich wegen etwas schuldig fühlen, das Ihnen bereits vergeben wurde, müssen Sie sagen: „Gewissen, du spielst eine wichtige Rolle in meinem Leben, doch jetzt im Moment belügst du mich. Es gibt keine Verdammnis für diejenigen, die in Jesus Christus sind." Als gläubiger Mensch stehen Sie gerechtfertigt vor Gott, weil Jesus für Sie gestorben ist.

5. Auserwählt

Zurück zu Römer 8, wo Paulus sagt: „Wer wird gegen Gottes Auserwählte Anklage erheben?" (Vers 33). Wer sind die „Auserwählten"? Es sind diejenigen, die Gott schon vor der Grundlegung der Welt zur Erlösung ausersehen hat. Er wird sie aus ihrer Finsternis und ihrem Unglauben herausführen in den lebendigen Glauben an Jesus.

Sie sagen vielleicht: „Das gefällt mir aber überhaupt nicht. Was ist, wenn ich gerne gerettet werden möchte, aber nicht zu den von Gott Auserwählten gehöre?" Hier müssen wir uns daran erinnern, was Jesus in Johannes 6,37 sagt: „Alles, was mir der Vater gibt, wird zu mir kommen, und wer zu mir kommt, den werde ich nicht hinausstoßen." Wenn der Heilige Geist in Ihrem Herzen wirkt und Sie zu Jesus kommen, dann seien Sie versichert, dass Sie zu den Auserwählten gehören.

Folgende Illustration habe ich schon oft verwendet, um zu erklären, was Rechtfertigung bedeutet. Vor einigen Jahren unterhielt ich mich mit einem Mann, der später an AIDS sterben sollte. Bevor er zum rettenden Glauben an Jesus Christus kam, war sein Leben das reinste Chaos gewesen. Während unseres Gesprächs sagte ich ihm: „Roger, stell dir einmal vor, ich hätte hier zwei Bücher. Eins heißt *Das Leben und Wirken von Roger*. Du schlägst es auf und siehst, dass es voller schmutziger Details aller möglichen Sünden und Betrügereien steckt. Das andere Buch heißt *Das Leben und Wirken Jesu Christi*. Du schlägst es auf und findest darin nichts als Schönheit, Perfektion und Gottes Willen. Es ist ein wunderschönes Buch!

Als du zum rettenden Glauben an Jesus kamst, sagte Gott quasi: ‚Ich reiße jetzt alle Seiten aus deinem Buch heraus, Roger, und füge die Seiten aus meinem eigenen Buch in deins hinein.' Wenn du jetzt *Das Leben und Wirken von Roger* aufschlägst, findest du darin nichts als Schönheit und Heiligkeit. Das Buch ist so schön, dass selbst Gott es liebt."

Das ist das Evangelium. Das bewirkt Rechtfertigung. Jesus nimmt Ihre Sünde weg und rechnet Ihnen stattdessen Gottes Rechtschaffenheit zu.

Ich liebe die folgenden Zeilen eines alten Kirchenliedes:

Gottes Zorn und Strafgericht
Können mir nichts tun.
Denn des Erlösers heilges Blut
verdeckt den Blick auf meine Schuld.
Im Inneren von Gottes Hand
mein Name fest geschrieben steht
und eingraviert ins Heilandsherz
durch Gottes grenzenlose Gnad'.[20]

---

20 Augustus Toplady, „A Debtor to Mercy Alone" (1771), Nachdichtung durch die Übersetzerin

Wenn Sie Gott durch Ihre guten Werke gefallen wollen, werden Sie nie die Gewissheit des ewigen Lebens haben. Sie werden nie wissen, ob Sie endlich gut genug geworden sind. Abgesehen davon lehrt die Bibel, dass wir nicht durch unsere eigenen Anstrengungen in den Himmel gelangen.

Nur wenn Sie Christus vertrauen, dass er das alles in die Hand nimmt, können Sie sich sicher sein. Nichts wird das jemals ändern. Nichts kann Sie von ihm trennen.

Seine Vergebung währt für immer.

Sie sind vor Gott gerecht gemacht worden – bis in alle Ewigkeit.

Eine Bibelstelle zum Nachdenken:

Was sollen wir nun hierzu sagen? Wenn Gott für uns ist, wer ist gegen uns? Er, der doch seinen eigenen Sohn nicht verschont, sondern ihn für uns alle hingegeben hat – wie wird er uns mit ihm nicht auch alles schenken? Wer wird gegen Gottes Auserwählte Anklage erheben? Gott ist es, der rechtfertigt. Wer ist, der verdamme? Christus Jesus ist es, der gestorben, ja noch mehr, der auferweckt, der auch zur Rechten Gottes ist, der sich auch für uns verwendet. (Römer 8,31-34)

Weiterführende Fragen zur Vertiefung:

◊ Gibt es Sünden in Ihrer Vergangenheit, die Sie dem Herrn bereits bekannt haben und die Sie dennoch nicht loslassen können?

◊ Sind Sie überzeugt davon, dass Gottes Gnade diese Sünden zugedeckt hat und dass sie vergeben wurden?

◊ Lesen Sie Römer 8,1 und 1. Johannes 1,9. Welche Verheißung lesen Sie in diesen Schriftstellen?

◊ Glauben Sie daran, dass Gott Ihre Sünden ein für alle Mal vergeben hat?

In diesem Kapitel haben wir uns fünf Begriffe angesehen, die zusammenfassen, worum es bei der Rechtfertigung geht.

◊ Geschenkt
◊ Vollständig
◊ Garantiert
◊ Persönliche Gewissheit
◊ Auserwählt

Welcher dieser Begriffe hat Ihr Herz am meisten angesprochen, und warum?

10

WENN EINE ENTSCHULDIGUNG NICHT AUSREICHEND IST

Warum sind so viele Menschen noch immer von Sorgen geplagt,
noch immer auf der Suche, noch immer kaum in der Lage,
vorwärtszukommen? Weil wir noch nicht am Ende sind.
Wir versuchen noch immer, das Kommando zu übernehmen,
und kommen damit Gottes Wirken in uns in die Quere.
A. W. Tozer

Wann reicht ein Bekenntnis vor Gott nicht aus? Wann müssen wir unsere Schandtaten auch vor Menschen bekennen, um die emotionale Freiheit zu erfahren, die ein reines Gewissen mit sich bringt? Und was tun wir, wenn eine simple Entschuldigung nicht ausreichend ist?

Den Titel dieses Kapitels habe ich mir von dem Buch *When Sorry Isn't Enough* geborgt, das von meinem guten Freund Gary Chapman und der Co-Autorin Jennifer Thomas geschrieben wurde.[21]

---

21 Gary Chapman und Jennifer Thomas, *When Sorry Isn't Enough* (Chicago: Northfield, 2013).

Zunächst stelle ich ein paar Grundprinzipien vor, wie man ein reines Gewissen erlangt; anschließend fasse ich einige Gedanken dieses exzellenten Buches zusammen. Ich möchte Sie aber gleich warnen, dass ich nicht alle Antworten habe, wenn es um Versöhnungsversuche in besonders heiklen Situationen geht. Doch ich hoffe, ich kann Ihnen bei der Suche nach Gottes Willen behilflich sein.

Wir sehen uns gemeinsam Prinzipien und Beispiele zerbrochener Beziehungen an, müssen dabei jedoch vorsichtig vorgehen und Gott bitten, uns den nächsten Schritt zu zeigen. Jede Situation ist anders, jede Meinungsverschiedenheit steht in einem besonderen Zusammenhang, und jede emotionale Verletzung braucht ihre eigene Zeit, um zu heilen.

Manche Menschen zeigen allzu leichtfertig Reue. Sie bekennen zwar ihre Sünden, haben aber kein von Herzen kommendes Problembewusstsein. Diejenigen, gegen die sie gesündigt haben, sind zutiefst verletzt, während sie selbst es für ausreichend halten, ihr Fehlverhalten nur oberflächlich zuzugestehen. Wir haben bereits darüber gesprochen, dass manche Menschen die ihnen zugefügten Verletzungen sehr intensiv wahrnehmen, sich jedoch nicht in den Schmerz derer hineinfühlen können, denen gegenüber sie sich selbst falsch benommen haben.

Eines der größten Hindernisse für Versöhnung ist wohl der Ehebruch, der den Bund der Ehe zerstört. Ein Mann (oder eine Frau) lügt unentwegt darüber, wo und mit wem er zusammen ist; er manipuliert seine Frau mit Schuldgefühlen, schmälert ihren Wert und missbraucht sie verbal. Wenn er dann schließlich die Beweise nicht länger abstreiten kann, sagt er: „Okay, war ein Fehler. Tut mir leid!"

Doch seine Frau weiß, dass eine solch banale Entschuldigung nicht ausreichend ist. Wenn sie weise ist, ist ihr klar, dass ein solches Zugeständnis keine adäquate Grundlage für wahre Versöhnung ist. Das Bekenntnis alleine macht die Dinge nicht ungeschehen. Das liegt daran, dass *Sünde, wenn wir sie nicht ernst nehmen, auch nicht ernsthaft behandelt wird.*

Es stimmt natürlich, dass wir auf gewisse Weise durch ein Schuldeingeständnis Versöhnung erlangen. Doch wenn wir unsere Fehltritte bagatellisieren, wenn wir den Schmerz unseres Gegenübers nicht mitfühlen, uns vorschnell als geläutert betrachten und andere dafür rügen, dass sie unser Fehlverhalten nicht rascher vergessen, dann ist unser Versöhnungsversuch vermutlich nicht allzu ernst gemeint.

Wie bereits in einem früheren Kapitel erwähnt, kann die Finsternis zum Zufluchtsort werden, zur Schutzzone, in die wir uns zurückziehen, wenn wir Angst vor Bloßstellung haben. Uns selbst überlassen hassen wir das Licht der Wahrheit über uns selbst – vielleicht fürchten wir es sogar mehr als Krankheit oder Tod. Wir haben gelernt, dass das Ich, das wir unserer Umwelt präsentieren, oft ganz anders ist als unser wahres Ich. Bloßstellung beschert uns Demütigung, Schande und bröckelndes Vertrauen. Sobald jemand angegriffen und verletzt wurde, wird der Versöhnungsprozess zu einem Prozess mit ungewissem Ausgang.

Es war einmal eine Frau, die schon viele Therapeuten aufgesucht hatte und dennoch ihre schwere Depression nicht überwinden konnte. Trotz stundenlanger Sitzungen hatte sie ihnen ein wesentliches Detail verschwiegen. Als Teenager hatte sie ein Baby geboren und es anschließend töten lassen, um sich vor der Schande zu bewahren, die das Bekanntwerden einer unerlaubten sexuellen Beziehung nach sich ziehen würde. Sie heiratete und bekam weitere Kinder, betäubte jedoch ihr Gewissen, indem sie sich damit beruhigte, dass Gott ihr ja vergeben hatte und ihr Mann ihre Vergangenheit nicht zu kennen brauche. Aber – und das ist wichtig – ihr Mann nahm die Auswirkungen ihrer verdrängten Sünde jeden Tag wahr: ihre Wut, ihre Depression, ihre Kritiksucht – alles, weil sie beschlossen hatte, dass dieser eine Schandfleck in ihrem Leben nie ans Tageslicht kommen durfte.

Doch schließlich konnte sie nicht länger damit leben und bekannte ihr dunkles Geheimnis – erst ihrem Pastor gegenüber, dann ihrem Mann. Glücklicherweise war er bereit, ihr zu vergeben. Sie gingen zur Eheberatung und liegen heute emotional auf einer Wellenlänge. Die unsichtbare und doch so starke Barriere, die sie in ihrer Beziehung errichtet hatte, verschwindet langsam.

Wir können nicht so tun, als bräuchten wir lediglich Gottes Vergebung, solange es noch ungelöste Konflikte zwischen uns und anderen gibt. Das Bekenntnis vor Gott ist noch relativ einfach; er weiß ja sowieso alles über uns, was es uns leichter macht, ehrlich zu sein. Doch Versöhnung mit anderen Menschen ist etwas ganz anderes. Und darum soll es in diesem Kapitel gehen.

Jesus lehrte uns, die Bedeutung der persönlichen zwischenmenschlichen Vergebung nicht zu missachten: „Wenn du nun deine Gabe darbringst zu dem Altar und dich dort erinnerst, dass dein Bruder etwas gegen dich hat, so lass deine Gabe dort vor dem Altar und geh vorher hin, versöhne dich mit deinem Bruder, und dann komm und bring deine Gabe dar!" (Matthäus 5,23-24). Jesus meinte damit: „Wenn du mit einer Opfergabe zu Gott kommst und dir dabei einfällt, dass du im Streit mit einem Mitchristen bist, dann lass deine Gabe am Altar stehen und versöhne dich mit diesem jemanden. Dann komm wieder und bring Gott dein Opfer."

Laut Jesus *muss Versöhnung der Anbetung vorangehen.* Bevor Sie also zum Gottesdienst in die Gemeinde kommen, sorgen Sie dafür, dass Sie mit den anderen versöhnt sind. Dann können Sie im Gottesdienst Gott loben und Ihr Opfer bringen. Das Problem, das zwischen Ihnen und einem anderen Menschen stand, wäre sonst womöglich eine Barriere zwischen Ihnen und Gott gewesen. Natürlich gibt es Menschen, mit denen keine Versöhnung möglich ist, doch wir müssen alles uns Mögliche tun, um zerbrochene Beziehungen wiederherzustellen.

Dieses Kapitel soll uns an den Punkt führen, an dem wir zusammen mit dem Apostel Paulus sagen können: „Darum übe ich mich auch, allezeit ein Gewissen ohne Anstoß zu haben vor Gott und den Menschen" (Apostelgeschichte 24,16). Wenn die Versöhnung fehlschlägt, kann ich dennoch Frieden haben, weil ich weiß, dass ich mein Möglichstes getan habe.

Prinzipien der Versöhnung

In Matthäus 18,15-16 sagt Jesus: „Wenn aber dein Bruder sündigt, so geh hin, überführe ihn zwischen dir und ihm allein! Wenn er auf dich hört, so hast du deinen Bruder gewonnen. Wenn er aber nicht hört, so nimm noch einen oder zwei mit dir, damit aus zweier oder dreier Zeugen Mund jede Sache bestätigt werde!"

Dieses Prinzip umzusetzen ist kein Leichtes. Doch denken wir einmal zusammen darüber nach, was wir zu tun haben, um Gott zu verherrlichen und unser Gewissen zu erleichtern. Wir fangen mit einigen grundlegenden, einleuchtenden Prinzipien an.

Sünden des Herzens brauchen wir nur vor Gott zu bekennen

Das erste Prinzip lautet, dass wir Sünden des Herzens nur Gott alleine bekennen sollten. Wäre die Welt nicht ein schrecklicher Ort, wenn wir alle immer sagen würden, was wir voneinander denken? Können Sie sich dieses Fiasko vorstellen? „Stefan, weißt du, was ich letzten Mittwoch über dich gedacht habe? Ich erzähle dir mal, was mir da durch den Kopf geschossen ist." Und bald würde Stefan Ihnen noch detaillierter erzählen, was er über Sie gedacht hat. Gott sei es gedankt, dass das Blut von Jesus Christus alle Sünden zudeckt, und dass viele dieser Sünden nicht öffentlich bekannt werden müssen, wenn sie nicht zu Taten geführt haben, die eine emotionale Barriere zwischen uns und jemand anderem errichtet haben.

Doch eins ist klar. Wenn Ihre Einstellung zu einem anderen Menschen vergiftet ist, können Sie nicht einfach sagen: „Egal, das ist ja nur in meinen Gedanken." Wenn Ihre Einstellung Auswirkungen auf Ihre Beziehung hat, dann müssen Sie das bekennen, denn dann betrifft es mehr als nur Ihre Gedanken. Vielleicht meinen Sie, Sie müssten Ihren Ärger auf einen anderen Menschen nicht bekennen, doch wenn dieser jemand die Auswirkungen Ihrer Wut (in Wort oder Tat) zu spüren bekommen hat, dann erreichen Sie Versöhnung nur, indem Sie persönlich um Entschuldigung bitten.

Das Geheimnis einer guten Ehe liegt bestimmt auch darin, sich in vielen gemeinsamen und oft auch schwierigen Erlebnissen gegenseitig verzeihen zu können. Doch nicht alle intimen Gedanken müssen das Tageslicht erblicken.

Alle betrügerischen Sünden müssen bekannt werden

Wenn es jedoch um Betrug oder Untreue geht, reicht es nicht aus, dies allein vor Gott zu bekennen und die Angelegenheit dann ganz tief in unserem Inneren zu verbergen. Manchmal reden sich Menschen jahrelang ein, eine Sache sei erledigt, bis sie sie endlich doch bekennen, obwohl das schon damals hätte geschehen sollen. Kürzlich bekam ich eine E-Mail von einer Frau, die zugab, vor 36 Jahren als Studentin in einem meiner Seminare betrogen zu haben. Sie hatte die Forschungsergebnisse eines Kommilitonen in ihrer eigenen Hausarbeit verwendet. Sie bekannte Gott ihre Sünde und wusste, dass er ihr vergeben hatte, und doch erfuhr sie keine vollständige Wiederherstellung. Also tat sie, was viele Menschen tun – sie verdrängte die Angelegenheit in den tiefsten Winkel ihres Herzens. Zwischendurch dachte sie gar nicht mehr daran, doch immer wieder kamen ihr die Gedanken daran in den Sinn.

Sie schrieb mir: „Die Lektüre des Buches *Ergriffen* von James MacDonald hat mir die Augen geöffnet, und ich wusste, dass ich keinen Tag länger warten konnte, ohne diese Angelegenheit ein für alle Mal zu klären. (MacDonald) sagt: ‚Eure Sünde entfernt euch mehr von Gottes unglaublicher Gnade und Größe, als ihr es begreifen könnt. Sünde hält euch von dem reichen Segen ab, den der Herr euch geben möchte.'[22] Ich war wie vor den Kopf geschlagen. Egal, wie sehr ich mich in letzter Zeit abgemüht habe, Gott in meinem Leben wirklich wahrzunehmen, war das doch immer ein Kampf. Dieses Kapitel hat mich aufgerüttelt. Bisher war ich der Stimme des Heiligen Geistes ungehorsam gewesen, doch nun

---

22 James MacDonald, *Ergriffen*, Christliche Verlagsgesellschaft, Dillenburg, 2011, S. 133.

musste ich meinen Stolz hinunterschlucken und Ihnen diesen Brief schreiben, das wurde mir auf einmal ganz deutlich. Ich hätte nicht wie bisher weitermachen können, ohne diese Sache zu regeln."

Natürlich vergab ich ihr, doch ich kam nicht umhin, an die unzähligen Menschen zu denken, die solche Geheimnisse in ihren Herzen verschlossen haben. Gott hat ihnen vergeben, doch ihr Gewissen mahnt sie beständig, dass eben doch noch nicht alles in Ordnung ist. Wenn das bereits für eine Schummelei bei einer Uni-Hausarbeit vor 36 Jahren gilt, wie viel mehr dann für noch viel schwerwiegenderen Betrug wie Ehebruch.

Süchte – seien es offensichtliche oder heimliche –, die eine Beziehung gefährden, sollten bekannt werden. Darunter fallen Drogen, Pornografie, Diebstahl usw. Diese Art von „privaten" Sünden beeinflussen unsere „öffentlichen" Beziehungen in der Familie und darüber hinaus. Nicht überwundene, verheimlichte Sünden haben oft Auswirkungen auf alle Menschen, mit denen wir in Kontakt sind; sie beeinflussen unsere innere Haltung, sie befeuern unsere Verbitterung und berauben uns der Freude. Süchte errichten unsichtbare Barrieren, die zwischenmenschliche Nähe und Vertrauen behindern.

Natürlich ist jede Sünde eine Art Betrug, aber weil sexuelle Sünden so weit verbreitet sind und sie oft auch im Rahmen einer Ehe geschehen, möchte ich sie hier ansprechen. Auf den Eingangsseiten dieses Buches berichtete ich von einem Mann, der als Collegestudent ein Kind zeugte. Dieses Kind wächst in einer anderen Stadt auf, und weder die Ehefrau des Mannes noch seine Kinder wissen von dem Jungen. Der Mann möchte Gott wohlgefällig leben. Wie sehr er sich die Angelegenheit auch schönredet, sie belastet doch die Beziehung zu seiner Frau, und er kann kein reines Gewissen vor Gott haben, bis er sein Geheimnis offenbart und Vergebung erlangt hat.

Er muss sich gut überlegen, wann und wie er das Thema zur Sprache bringt; aber er wird keine wahre Freude in Gott finden, bevor er es nicht seiner Frau und schließlich seinen Kindern gebeichtet hat. Seine Frau wird daraufhin vermutlich seelsorgerliche Hilfe benötigen, um ihm vergeben zu können, doch wenn ihre Ehe stark ist, kann sie diesem Schock standhalten. Und es ist besser, seine Frau hört es von ihm als von seinem Sohn, der eines Tages vor ihrer Haustür stehen und sich als das uneheliche Kind ihres Ehemannes vorstellen könnte. Durch sein Bekenntnis kann seine Frau vielleicht auch andere Probleme in ihrer Beziehung besser verstehen.

Sie lesen nun eine weitere wahre Geschichte (bei der ich fiktive Namen verwende): Fred heiratet Ann, die zu Beginn ihrer Ehe eine Affäre hat. Sie hat deswegen ein schlechtes Gewissen und beendet die Affäre schließlich. Jahre später erzählt sie ihrem ehemaligen Liebhaber Peter, dass sie ihrem Mann den Betrug beichten will. Als ihr Mann Fred von ihrer Affäre mit Peter erfährt, wird er sehr wütend, da er und Peter einmal befreundet waren. Auch Peter ist wütend – *sehr* wütend –, dass Ann ihn bloßgestellt hat. Nun fühlt er sich doppelt schuldig, weil er sowohl seine eigene Frau als auch seinen Freund Fred betrogen hat.

Hat Ann das Richtige getan? Manche Seelsorger würden das verneinen, weil die Affäre in der Vergangenheit liegt. Doch können Ann und ihr Mann ansonsten eine offene, ehrliche Beziehung miteinander führen? Das bezweifele ich, und auch Peter kann, nebenbei bemerkt, keine gegenseitig erfüllende Beziehung mit seiner Frau haben, solange die Affäre ein Geheimnis bleibt. Er ist sauer auf Ann, aber Sünde hat immer unbeabsichtigte Konsequenzen, und nun wird er sich um die Probleme in seiner eigenen Ehe kümmern müssen.

Ann wollte ein reines Gewissen haben, weshalb sie die Affäre beichtete. Interessanterweise stellte sich dabei jedoch heraus, dass auch Fred ihr etwas gestehen musste, was er vor ihr geheim gehalten hatte. Auch wenn seine Sünde in eine andere Kategorie fiel als ihre, mussten beide ihren Teil dazu beitragen, den Ehebund wieder aufzubauen. Ihre Ehe überlebte den Versöhnungsprozess, und heute führen sie eine tiefgehende, mitfühlende und vertrauensvolle Beziehung.

Nachfolgend lesen Sie den Brief einer Frau, die sich nach einem Ehebruch wieder mit ihrem Mann versöhnte:

> Ich habe Ehebruch begangen. Ich dachte, dass es vielleicht der Teufel sei, der mich meiner Sünde überführte, da ich sie Gott bereits mehrfach bekannt und auch Vergebung dafür erlangt hatte. Ich redete mir ein, Gott könne ja nicht wollen, dass mein Mann verletzt würde. Daher war ich entschlossen, die Angelegenheit für mich zu behalten und mit ins Grab zu nehmen. Mit dieser Entscheidung haderte ich lange ... Dann wurde mir klar, dass ich die Sache nicht länger verdrängen konnte.
>
> Mein Ehebruch war ein schwerer Schlag für meinen Mann, aber als ich die Worte ausgesprochen hatte, nahm er mich voller Liebe und Mitleid in den Arm. Ich war und bin überwältigt vor Dankbarkeit dafür, dass Gott und mein Mann mich so lieben. Die Zeit seit meinem Geständnis war herausfordernd; wir haben viel miteinander geredet und gebetet.
>
> So schwierig es auch war, ich bin Gott dankbar, dass er mich nicht mit dieser unausgesprochenen Schuld sterben ließ. Gott hat wieder einmal seine Liebe zu mir unter Beweis gestellt. Ich bin ein lebendiges Zeugin seiner unglaublichen Gnade, seiner sanften Barmherzigkeit und seiner liebevollen Freundlichkeit.

Bekenntnis vor Dritten

Bei Bedarf sollten bei einem Versöhnungsprozess auch Dritte involviert sein. In Matthäus 18,16 sagt Jesus, dass wir, wenn wir zu einem Bruder gehen und dieser sich der Versöhnung verweigert, erneut hingehen sollen, dann aber mit ein oder zwei Leuten als Zeugen. Doch wenn Sie selbst ein reines Gewissen und echte Versöhnung anstreben, dann halte ich es für ratsam, dass Sie schon von Anfang an eine dritte Person dabei haben. Natürlich ist es schwer, seinen Stolz abzulegen und einen Pastor oder Seelsorger miteinzubeziehen, doch das kann hilfreich für den gesamten Prozess sein.

Als Pastor war ich selbst sehr oft seelsorgerlich tätig. Zum Beispiel bat mich einmal eine Frau um meine Anwesenheit, als sie ihrem Mann gestand, dass ihr drittes Kind nicht von ihm war. Sie musste es ihm sagen, sonst hätte sie einen Nervenzusammenbruch erlitten, da sie mit ihrem Betrug und ihren Schuldgefühlen nicht zurechtkam. Ihr Mann war nicht nur schockiert, sondern auch sprachlos. Während des Gesprächs ergaben für ihn auf einmal viele Dinge einen Sinn, die er zuvor zwar wahrgenommen hatte, aber nicht einordnen konnte. Nun verstand er, warum sein drittes Kind nicht „zur Familie zu passen" schien. Und auch wenn ihr Geständnis Wut, Ohnmacht und Verbitterung an die Oberfläche brachte, erklärte es gleichzeitig viele Aspekte ihrer Ehebeziehung. Es war eine schwierige Begegnung, und ohne mich oder einen anderen anwesenden Seelsorger hätte sie leicht aus dem Ruder laufen können.

Ich habe keinen Zweifel daran, dass seine Frau am Ende tat, was sie tun musste. Die menschliche Psyche kann nur ein gewisses Maß an Schuld verkraften. Daraus können wir folgende Lektion lernen: Auch wenn wir auf unserer Seite reinen Tisch machen, sind wir letzten Endes nicht für die Reaktion unseres Gegenübers verantwortlich. Ich betete dafür, dass dieser Mann in seinem Herzen genug Gnade würde aufbringen können, um seiner Frau zu vergeben und ihre Ehe neu aufzubauen, und dass er Gott vertrauen würde, dieses Kind zu segnen. Unglücklicherweise ließ sich das Ehepaar schlussendlich doch scheiden.

Sie fragen nun vielleicht: „Gibt es Situationen, in denen man solche Dinge nicht bekennen sollte?" Die Antwort lautet: *ja.* Wenn eine Beziehung zum Beispiel bereits stark zerrüttet und geschädigt ist und kurz vor dem endgültigen Ende steht, dann sollte man sein

Geständnis vielleicht lieber einem Dritten gegenüber machen – einem Pastor oder Seelsorger. Eine bereits belastete Beziehung kann unter einem solchen Geständnis womöglich erst recht gänzlich zerbrechen.

Eine wichtige Rolle spielt auch der Zeitpunkt. Da war zum Beispiel einmal ein Mann, der kurz vor seinem Tod seiner Frau gestand: „Vor 15 Jahren hatte ich eine Affäre, und jetzt, wo ich im Sterben liege, muss ich mir diese Sache von der Seele reden, damit ich mit reinem Gewissen in die Ewigkeit eingehen kann." Als ich davon erfuhr, wurde ich wütend.

Ich hätte dem Sterbenden vermutlich gesagt: „Na, vielen Dank auch! Prima, dass Sie kurz vor Ihrem Tod noch schnell versuchen, Ihr Gewissen zu erleichtern, indem Sie Ihrer Frau ein Problem aufbürden, unter dem sie für den Rest ihres Lebens zu leiden haben wird." Sein Geständnis auf dem Sterbebett belastete seine Frau viele Jahre lang sehr. Natürlich hätte er seine Sünde bereits damals bekennen sollen, sodass die beiden den Betrug gemeinsam hätten aufarbeiten können. Da er nun aber so lange gewartet hatte, wäre es besser gewesen, der Sterbende hätte sich einem Pastor, Seelsorger oder Freund anvertraut. Denn es ist nicht gut, Geheimnisse mit ins Grab zu nehmen.

Gerne bilde ich mir ein, dass christliche Ehen stark genug seien, um praktisch jeden Sturm zu überstehen. Doch Versöhnung ist wie ein dreibeiniger Schemel. Es sind *Respekt*, *Vertrauen* und *Vergebung* in Relation zur Schwere des Betrugs vonnöten. Vergebung muss sowohl erbeten als auch gewährt werden. Natürlich braucht es Zeit, um zerbrochenes Vertrauen wieder aufzubauen.

Machen Sie Ihr Geständnis vor allen Menschen, die von Ihrem Fehlverhalten betroffen waren oder sind. Nicht jeder muss von Ihren Fehlern erfahren, aber die Menschen, die darunter zu leiden hatten, schon. Wenn die Sünde eines Gemeindeältesten oder Leiters die ganze Gemeinde in Mitleidenschaft gezogen hat, kann es sogar sein, dass auch ein Bekenntnis vor der gesamten Gemeinde notwendig ist.

Fragen Sie sich: Wen hat mein Betrug betroffen? Dann bitten Sie Gott darum, dass Sie den Versöhnungsprozess weise vorantreiben können.

Fünf Wege, sich zu entschuldigen

Nun wollen wir uns mit einigen Gedanken aus dem Buch *When Sorry Isn't Enough* von Gary Chapman und Jennifer Thomas befassen. Ich möchte Ihnen fünf verschiedene Wege aufzeigen, wie Sie sich entschuldigen können – manchmal sind auch alle fünf Varianten notwendig, um vollständige Vergebung zu erlangen.

Reue ausdrücken

Manchmal reicht ein „tut mir leid" aus, vor allem bei Kleinigkeiten. „Tut mir leid, dass ich dir Kaffee über den Mantel geschüttet habe." Vermutlich musste jeder Ehemann schon einmal sagen: „Tut mir leid, dass ich vergessen habe, den Müll rauszutragen." Eine Hausfrau muss manchmal bekennen: „Tut mir leid, dass ich nicht rechtzeitig zu Hause war, um das Abendessen zuzubereiten."

Es ist hier ganz wesentlich, zu spezifizieren, wofür Sie um Entschuldigung bitten. Und nicht dem Gegenüber die Verantwortung für das zu geben, was man selbst falsch gemacht hat! Darüber hinaus muss derjenige, dem die Entschuldigung gilt, bereit sein zu sagen: „Ich nehme deine Entschuldigung an und verzeihe dir." In alltäglichen Szenarien wie den oben erwähnten sollte das eine Beziehung wieder kitten.

Doch manchmal reicht eine simple Entschuldigung einfach nicht aus. Ich kenne einen Ehemann, der die gesamten gemeinsamen Ersparnisse in dubiose Internetgeschäfte investierte und damit ihre komplette Altersvorsorge verlor. Es wäre nicht ausreichend, wenn er lediglich sagen würde: „Tut mir leid – das ist dumm gelaufen! Vergessen wir die Geschichte und tun so, als sei das keine große Sache."

Denn was er getan hatte, *war* eine große Sache! Diese Situation verlangte nach mehr als einem oberflächlichen „Oh, tut mir leid!" als Reaktion. Dieses Ehepaar würde die Auswirkungen seiner Dummheit noch bis weit ins Rentenalter hinein spüren. Der um Vergebung bittende Ehemann musste nicht nur bedenken, welche Auswirkungen seine Sünde auf ihn selbst haben würde, sondern auch auf seine Frau. Wenn wir anderen Menschen wehtun, müssen wir uns ernsthaft mit ihrem Schmerz auseinandersetzen.

Übernehmen Sie Verantwortung

Auf der zweiten Stufe des Schuldeingeständnisses sagt man: „Was ich getan habe, war falsch. Dafür übernehme ich die Verantwortung. Das war keine Nebensächlichkeit." Und wenn Sie sagen: „Was ich getan habe, war falsch", unterlassen Sie den Zusatz: „Aber *du* bist auch nicht besser!" Nehmen Sie Ihre Verantwortung so ernst, dass Sie, auch wenn Sie sich nur zu 30 Prozent schuldig fühlen, diese 30 Prozent so behandeln, als wären es 100 Prozent! Und wenn der andere keine Verantwortung für seinen Anteil an dem Problem übernimmt, dann ist das eine Sache zwischen ihm und Gott.

Dummerweise gibt es Menschen, mit denen eine Versöhnung unmöglich ist, weil sie dermaßen rachsüchtig und verbittert sind und ihre Realität ganz anders aussieht als die Ihre. Wenn Sie ihnen gegenüber einen Fehler eingestehen, gehen sie unter Umständen so weit, dass sie von Ihnen ein Schuldeingeständnis für etwas erwarten, was Sie *gar nicht getan haben.* Und wenn sie nicht auch eigene Fehler anerkennen, müssen Sie womöglich akzeptieren, dass es hier keine wahre Versöhnung geben kann. Im besten Fall können Sie einander höflich begegnen, doch eine Einheit von Geist und Herz bleibt aus.

Aber – und das ist wichtig – jemand, den wir verletzt haben, wird oft dafür sorgen, dass wir auch ja das ganze Ausmaß seines Schmerzes nachempfinden können. Deshalb reicht es nicht aus, lediglich zu sagen: „Tut mir leid" Wenn Sie beispielsweise Ihre

Ehe zerstört haben, muss ein wahrhaftiges Schuldeingeständnis aus tiefstem Herzen kommen. In solchen Situationen sollten Sie bereit sein, den von Ihnen verursachten Schmerz in Worte zu fassen: „Ich weiß, dass ich dir durch mein Tun Folgendes angetan habe ..." Ihr Gegenüber muss wissen, dass Sie seinen Schmerz mitfühlen können.

Sie müssen Ihre Fehler eingestehen und dem anderen begreiflich machen, dass Sie sich der Konsequenzen Ihres Tuns bewusst sind. Sagen Sie also: „Ich weiß, dass das, was ich getan habe, falsch ist. Ich weiß, dass ich dich zutiefst verletzt habe. Ich gestehe meine Fehler, mein Versagen und meine Sünden ein. Könntest du mir in deinem Herzen vergeben?"

Das Eingeständnis der eigenen Sünden ist ein Meilenstein auf dem Weg zur Wiederherstellung Ihrer Beziehung.

Versuchen Sie, es wiedergutzumachen

Drittens schlagen die Autoren von *When Sorry Isn't Enough* vor, dass wir unser Bedauern durch die Frage ausdrücken, wie wir eine Sache wiedergutmachen können. Manchmal ist das nicht möglich, aber manchmal schon, zum Beispiel indem wir etwas zurückgeben oder -zahlen. In Lukas 19,1-10 lesen wir von dem betrügerischen Zöllner Zachäus, der auf einen Maulbeerfeigenbaum kletterte, um Jesus vorbeigehen zu sehen. Jesus bemerkte ihn und sagte: „Zachäus, steig eilends herab! Denn heute muss ich in deinem Haus bleiben" (Vers 5).

Sie erinnern sich bestimmt daran, dass Zöllner zur Zeit Jesu einen ganz schlechten Ruf genossen. Nehmen wir einmal an, dass 99 Prozent für den schlechten Ruf des restlichen einen Prozents verantwortlich waren! Als Jesus bei Zachäus zu Hause war, bekannte der seine Untaten und sagte: „Siehe, Herr, die Hälfte meiner Güter gebe ich den Armen, und wenn ich von jemand etwas durch falsche Anklage genommen habe, so erstatte ich es vierfach" (Vers 8). Darauf entgegnete Jesus: „Heute ist diesem Haus Heil widerfahren." Zachäus Reue war offensichtlich echt, denn er war bereit, das zu Unrecht eingezogene Geld vierfach wieder zu erstatten. Natürlich müssen wir nicht exakt das Vier- oder Fünffache zurückzahlen, doch wir sollten alles in unserer Macht Stehende unternehmen, um eine Situation wieder zu richten.

Hier ein weiteres Beispiel: Meine Frau Rebecca und ich kennen einen älteren Herrn, nennen wir ihn Bill. Er ist sehr weise. Er hörte von zwei gläubigen Teenagern aus christlichen Elternhäusern, die wegen schlechten Benehmens und Pornografie-Verdachts der Schule verwiesen werden sollten. Bill wollte sie wieder auf den rechten Weg bringen und bot ihnen an, bei ihm zu Hause zu wohnen.

Bei ihrer Ankunft bat Bill sie, ihre Koffer zu öffnen. Sie antworteten: „Das können wir nicht, denn wir wissen nicht, wo die Schlüssel sind."

„Alles klar", entgegnete Bill. „Ich habe nichts zu tun. Ich bleibe hier sitzen, während ihr die Schlüssel sucht." Kurz darauf verließ Bill das Zimmer, um ein Telefongespräch anzunehmen. Siehe da, als er zurückkam, hatten sie die Schlüssel gefunden und ihre Klamotten bereits weggeräumt. Bill fragte: „Okay, Jungs, wo ist es?"

„Wo ist was?", kam die verlegene Antwort.

Blick schaute unter das Bett und entdeckte einen Stoß Pornohefte, die sie aus einem nahegelegenen Kiosk gestohlen hatten. Daraufhin erzählte Bill ihnen: „Wir werden jetzt Folgendes machen. Wir verbrennen das ganze Zeug. Doch vorher rechnen wir noch zusammen, wie viel die Zeitschriften gekostet haben." (Der Betrag belief sich auf $ 250.)

Dann gab Bill den Jungen Arbeit, mit der sie genug Geld verdienen konnten, um die gestohlenen Zeitschriften zurückzuzahlen. Nach einiger Zeit hatten sie genug Geld beisammen. Zu dritt gingen sie in den Laden, um dem Besitzer das Geld zu geben. Die Jungen sagten: „Hiermit zahlen wir Ihnen das Geld für einige Pornohefte zurück, die wir Ihnen aus dem Hinterzimmer gestohlen haben." Der Ladenbesitzer bekam nun selbst ein schlechtes Gewissen, und Bill fragte ihn: „Wollen Sie Jungs wirklich auf diese Weise verderben?" Er antwortete: „Nein, selbst meine Frau hat mir schon gesagt, dass ich so ein Zeug nicht verkaufen sollte. Ich werde damit aufhören."

Das ist bereits bemerkenswert. Doch die zwei jungen Männer dienen Gott heute in christlichen Werken. Die Bereitschaft, seine Schulden zurückzuzahlen, ist ein Weg, sein Gewissen zu trainieren und sich der Schwere der eigenen Vergehen bewusst zu werden.

Doch geht es bei Entschädigungen nicht immer um Geld. Manchmal muss auch etwas anderes zurückgezahlt werden – zum Beispiel Zeit, die wir mit einem bestimmten Menschen verbringen, oder indem wir Gutes tun und Opfer bringen. Auf diese Weise machen wir deutlich, dass wir im Unrecht waren und den ernsthaften Wunsch hegen, den Schaden wiedergutzumachen.

Willen zur Veränderung

Viertens können wir unsere ernsthafte Bereitschaft zur Veränderung demonstrieren, indem wir versprechen: „Ich will mich ändern." Damit drücken wir Reue und Verantwortungsbewusstsein aus. Einst erhielt ich einen Brief, in dem eine Frau mir schrieb: „Mein Mann tauscht seit einiger Zeit Textnachrichten mit einer anderen Frau aus. Er sagte, er fände sie aufregend und anziehend. Monatelang hatte ich davon nichts mitbekommen. Wenn ich ihn darauf anspreche, sagt er, das sei ganz harmlos. Aber was kann ich tun, nun, da das Vertrauen zerstört ist?"

Dieser Mann hatte typischerweise seine Verbindung mit dieser anderen Frau, die er so „aufregend" fand, heruntergespielt. Er wollte seiner Frau weismachen, dass das keine große Sache sei. Doch wann immer ein Ehepartner ein Stückchen seines Herzens einem anderen Menschen schenkt, wird das intime Verhältnis der Ehebeziehung gestört. In diesem Fall hatte die Frau recht, auf Konsequenzen für die emotionale Affäre ihres Mannes zu bestehen, die fast so schmerzhaft ist wie ein tatsächlicher Ehebruch. Sie könnte verlangen, dass er vor einer Vertrauensperson

Rechenschaft ablegt. Ist er dazu nicht bereit, könnte sie sich einem Seelsorger oder Gemeindeältesten anvertrauen, der sich dann in den Vorfall einklinken würde. Sie musste ihrem Mann mit anderen Worten klarmachen, dass sie in ihrer Ehe erst dann wieder Fortschritte würden machen können, wenn dieser Vertrauensbruch aufgearbeitet worden war. Wenn er ihren Schmerz nicht nachempfinden kann, können sie ihre Beziehung nicht vollkommen wiederherstellen.

Wenn Sie einem anderen Menschen Unrecht getan und sein Vertrauen missbraucht haben, müssen Sie Ihre Veränderungsbereitschaft demonstrieren. Ohne diese ist die Bitte um Vergebung ganz und gar nichtig. Versöhnung setzt voraus, dass die Zukunft anders wird als die Vergangenheit. Ohne Veränderung wird sich der Kreislauf immer wieder wiederholen. Bevor Sie einen Schritt nach vorne machen können, sollten Sie bereit sein, eine wirkliche Veränderung in Angriff zu nehmen.

Bitten Sie um Vergebung

Vor einer wahren Versöhnung steht die Bitte um Vergebung. Wenn Sie jemanden verletzt haben, fragen Sie: „Kannst du mir aus ganzem Herzen vergeben?" Wenn möglich sollte Ihr Gegenüber in der Lagen sein zu sagen: „Ja, ich vergebe dir." Vergebung zu erbitten und zu gewähren ist unerlässlich, um Beziehungen gut zu führen.

Doch vielleicht kann Ihnen der andere nicht vergeben. Vielleicht sagt er: „Nein, das kann ich nicht. Meine Verletzung sitzt zu tief", oder: „Ich brauche mehr Zeit." Unabhängig von der Antwort sollten Sie alles dafur tun, die für die Versöhnung so wichtige Vergebung zu erlangen.

Einmal wandte sich eine Frau an mich um Hilfe, nachdem ihr Mann sie und die Kinder verlassen und eine andere Frau geheiratet hatte. Als die Kinder bei einem Schultheaterstück auftreten sollten, schrieb der wieder verheiratete Mann seiner Ex-Frau und fragte, ob sie nicht zusammen hingehen sollten, um ihre Kinder zu unterstützen. Er schrieb: „Warum können wir nicht einfach Freunde sein? Können wir nicht den Kindern zuliebe zusammen zu der Aufführung gehen? Ich komme zwar mit meiner neuen Frau, aber warum sollten wir nicht alle drei dort sein? Lassen wir doch die Vergangenheit ruhen."

Seine Ex-Frau bat mich um Hilfe für einen Antwortbrief. Ich schlug ihr in etwa das Folgende vor: „Ihre Ex-Frau will genau das Gleiche wie Sie. Auch sie möchte ausgehen können und die Vergangenheit ruhen lassen. Aber Sie können nicht so tun, als sei nichts geschehen. Sie wird nicht so tun, als hätten Sie beide ein gewisses Maß an Versöhnung erreicht, wenn Sie mit keinem Wort um Entschuldigung gebeten haben. Sie haben Ihre Ehe zerstört, Ihren Kindern unglaublichen Schmerz zugefügt, und jetzt wollen Sie, ohne das geringste Anzeichen von Reue oder Mitgefühl für den Schmerz, den Sie verursacht haben, so tun, als sei alles in Ordnung, und Ihre Frau soll die Vergangenheit ruhen lassen."

Manche Menschen verursachen anderen Menschen unglaublichen Schmerz, sehen ihre Fehler jedoch nur als minimale Unebenheiten auf der Straße des Lebens. Sie sind der Ansicht, dass man umso schneller wieder nach vorne blicken könne, je eher die anderen das Geschehene hinter sich ließen. Bei alldem tun sie so, als sei nichts Schlimmes passiert. In seiner Fantasiewelt sieht sich der Übeltäter in seinem Tun als völlig gerechtfertigt an und geht davon aus, dass er weder um Vergebung bitten noch seine Fehler eingestehen müsse.

Es wird immer solche Menschen geben, die das von ihnen verursachte Böse als lediglich marginal erachten; außer ihrem eigenen Schmerz nehmen sie nichts anderes wahr. Im besten Fall denken sie, ein lapidares „Tut mir leid" sei ausreichend, doch dabei übersehen sie die gebrochenen Versprechen, den Betrug und das Leid, das ihre Worte und Taten hervorgerufen haben.

Die Prinzipien anwenden

Ist es nicht wundervoll zu wissen, dass unser Gott ein Gott der Versöhnung ist? Er weiß alles über uns, kennt jede unserer Sünden im Detail, und doch lädt er uns zu sich ein und bietet uns ewige Vergebung an. Je besser wir uns selbst und unseren Hang zur Sünde verstehen, umso mehr sollen wir anderen Menschen die gleiche Gnade erweisen, die uns selbst durch unseren Herrn Jesus Christus zuteilwurde. Wenn Versöhnung erzielt und Vergebung ausgesprochen wurde, muss die Vergangenheit nicht bei jeder neuen Beziehungskrise ständig wieder aufgewärmt werden. Reiten Sie nicht auf Dingen herum, die bereits vergeben sind. Ein Mann, der Ehebruch begangen hatte, erzählte mir von seiner Frau, die zwar gesagt hatte, dass sie ihm vergeben hätte, ihm aber nichtsdestoweniger seine schmutzige Vergangenheit bei jedem Streit unter die Nase rieb.

Man kann kaum etwas tun, wenn jemand sagt, er habe etwas vergeben, dann aber nicht entsprechend handelt. In einem solchen Fall muss sich der Übeltäter daran festhalten, dass Gott ihm vergeben hat; Gott kennt und versteht ihn. Wir müssen alles in unserer Macht Stehende unternehmen, um Versöhnung zu erreichen, dann aber auch akzeptieren, dass unsere Bemühungen aus diesem oder jenem Grund nicht immer erfolgreich sind.

In der Zwischenzeit dürfen wir uns daran freuen, dass Gott uns unsere schmutzige Vergangenheit nicht länger vorhält. Der Schmutz ist vielmehr ganz aus seinem Blickfeld verschwunden. Ihre Sünden lasten zwar vielleicht noch schwer auf Ihren Gedanken, aber nicht auf denen Gottes! Er sagt: „Ich habe deine Verbrechen ausgelöscht wie einen Nebel und wie eine Wolke deine Sünden" (Jesaja 44,22).

Gary Chapman erzählt in seinem Buch eine sehr schöne Geschichte darüber, wie seine kleine Enkelin ihn eines Tages besuchte. Sie fragte, ob sie ein paar Aufkleber haben könne, und die Großmutter antwortete: „Ja, du darfst dir welche aussuchen, aber nur drei Stück."

Das kleine Mädchen ging zur Schublade, in der die Aufkleber aufbewahrt wurden – und ziemlich bald fanden sich im ganzen Haus Aufkleber wieder. Also ging Garys Frau zu ihrer Enkelin und sagte: „Ich habe dir doch gesagt, dass du nur drei Aufkleber haben darfst. Du hast deiner Oma nicht gehorcht." Das Mädchen begann zu weinen und sagte: „Jemand muss mir vergeben."[23]

Auch wir brauchen jemanden, der uns vergibt. Danken Sie Gott, dass er mit Jesus Christus jemanden geschickt hat, der uns vergibt und uns von aller Ungerechtigkeit reinigt. Mit seiner Hilfe müssen wir nun lernen, auch anderen zu vergeben. Mögen uns die Herausforderungen der Versöhnung näher zu Gott ziehen und uns ihm nicht entfremden.

Manchmal müssen wir alles, vor allem unseren guten Ruf, riskieren, um Versöhnung zu erreichen. Dann sagen wir: „Vor Gott und meinem Gewissen werde ich meinen Teil zur Versöhnung beitragen, egal, welchen Preis ich dafür zahlen muss." Vielleicht brauchen Sie den Rat und die Hilfe eines Menschen, den Sie respektieren, um den Weg der Versöhnung zu beschreiten. Glückselig sind die, die vor Gott und Menschen ein reines Gewissen haben.

Mögen wir zusammen mit dem Apostel Paulus sagen können: „Denn unser Rühmen ist dies: das Zeugnis unseres Gewissens, dass wir in Einfalt und Lauterkeit Gottes, nicht in fleischlicher Weisheit, sondern in der Gnade Gottes gewandelt sind in der Welt, besonders aber bei euch" (2. Korinther 1,12).

Eine Bibelstelle zum Nachdenken

Vor vielen Jahren beschlossen meine Frau und ich, dass wir versuchen wollten, in unserer Ehe nach diesem Bibelvers

---

23 Chapman und Thomas, *When Sorry Isn't Enough*, 150.

zu leben. Lernen Sie ihn auswendig und denken Sie immer wieder über ihn nach:

Seid aber zueinander gütig, mitleidig, und vergebt einander, so wie auch Gott in Christus euch vergeben hat! (Epheser 4,32)

Weiterführende Fragen zur Vertiefung:

◇ Können Sie sich an eine Sache erinnern, die Sie zwar Gott bekannt haben, von der Sie aber wissen, dass Sie sie auch vor der betroffenen Person ansprechen müssen?

◇ Wenn Sie wüssten, dass Sie nur noch kurz zu leben hätten, mit dem würden Sie sprechen wollen, um die Angelegenheit wieder ins Lot zu bringen?

Bitten Sie Gott um seine Gnade, dass Sie jetzt ein solches Bekenntnis ablegen können. Wenn Sie dabei Unterstützung benötigen, wenden Sie sich an einen Freund Ihres Vertrauens oder an jemanden aus der Gemeindeleitung. Welchen Preis müssen Sie dafür zahlen, dass Sie mit Gott und *Menschen* reinen Tisch machen?

11

EIN REINES GEWISSEN: EIN WIDERSPRUCH ZU UNSERER ABLEHNENDEN GESELLSCHAFT

Das Gewissen ist die Stimme der Seele.
Polnisches Sprichwort.

Tragischerweise legen die wenigsten Christen in ihrem Umfeld Zeugnis von Jesus ab. Oft denken wir, das läge daran, dass sie nicht wüssten, wie sie von ihrem Glauben erzählen sollen, oder dass sie Angst hätten, auf Einwände nicht richtig antworten zu können. Wir meinen oft, wenn wir nur mehr Evangelisationskurse anböten oder die Gläubigen besser darin unterwiesen, wie sie Gegnern des christlichen Glaubens Rede und Antwort stehen können, dann würden sie auch bereitwillig Gespräche über geistliche Themen beginnen.

Natürlich ist an diesen Beobachtungen etwas Wahres dran. Aber ich glaube – und mindestens eine Studie gibt mir darin recht –, dass ein weiterer Grund für das Schweigen vieler Christen ihr belastetes Gewissen ist. Weil ihre Herzen sie verdammen, denken sie: *Wie kann ich von der guten Nachricht des Evangeliums erzählen, wenn ich selbst unter unbesiegter Sünde leide? Mein Leben als*

Christ ist nicht gerade ein Vorzeigemodell für einen Menschen, der vorgibt, Jesus Christus nachzufolgen.

Wir alle hatten schon einmal das Gefühl, aufgrund der Sünden unserer Vergangenheit (oder Gegenwart) unwürdig zu sein, mit Menschen über das Evangelium zu sprechen. Wenn wir auf diese richtenden Stimmen in unserem Inneren hören, verstummen wir gänzlich und hoffen nur darauf, dass unsere Gefühle eines Tages mit unserem theologischen Wissen gleichziehen. Dann, meinen wir, könnten wir auch voller Vertrauen und Lauterkeit von unserem Glauben erzählen.

Zu Beginn dieses Buches haben wir uns mit 1. Johannes 3,21 beschäftigt: „Geliebte, wenn das Herz uns nicht verurteilt, haben wir Freimütigkeit zu Gott." Ein Herz, das sich verurteilt fühlt, kann keine Freimütigkeit vor Gott haben. Und wenn wir keine Freimütigkeit vor Gott haben, können wir auch nicht frei und vertrauensvoll Zeugnis geben.

Doch hoffentlich konnte ich in diesem Buch deutlich machen, dass unser Gewissen nicht das letzte Wort haben muss. Durch Jesus Christus erfahren wir sowohl Reinigung als auch Erneuerung. Ja, wir können freimütig mit Gott leben und sprechen.

Ein reines Gewissen macht uns frei

Der Apostel Petrus sieht einen Zusammenhang zwischen einem reinen Gewissen und unserer Bereitschaft, unseren Glauben auch angesichts von Verfolgung zu verteidigen. Der zunehmende Widerstand gegen den christlichen Glauben in Amerika und anderen Teilen der Welt ist kein neues Phänomen. In den Tagen von Petrus war die Anbetung des Kaisers obligatorisch, doch er glaubte daran, dass Menschen mit einem reinen Gewissen auch einem solchen kulturellen Druck widerstehen konnten.

Schauen wir uns diese Stelle einmal genauer an:

*Aber wenn ihr auch leiden solltet um der Gerechtigkeit willen, glück-
selig seid ihr! Fürchtet aber nicht ihren Schrecken, seid auch nicht
bestürzt, sondern haltet den Herrn, den Christus, in euren Herzen
heilig! Seid aber jederzeit bereit zur Verantwortung jedem gegenüber,
der Rechenschaft von euch über die Hoffnung in euch fordert, aber
mit Sanftmut und Ehrerbietung! Und habt ein gutes Gewissen,
damit die, welche euren guten Wandel in Christus verleumden, darin
zuschanden werden, worin euch Übles nachgeredet wird. Denn es ist
besser, wenn der Wille Gottes es will, für Gutestun zu leiden als für
Bösestun.* (1. Petrus 3,14-17, Hervorhebung durch den Autor)

Machen Sie sich bewusst, was Petrus hier sagt.

Erstens geht er davon aus, dass Gläubige anders leben als die
Menschen in der Welt um sie herum. Das liegt natürlich daran,
dass sie von Jesus erlöst wurden, eine neue Schöpfung sind und ihr
Gewissen rein halten wollen. Letzteres beinhaltet, dass wir nicht
die Werte der Welt an- oder übernehmen. Daher vermeiden es
Christen beispielsweise, im Büro über andere Kollegen zu lästern
oder bei hinterhältigen Machenschaften mitzuspielen. Sie sind
mitfühlend und freundlich und opfern sich selbst auf, denn ein
Christ „tue Gutes; er suche Frieden und jage ihm nach" (Vers 11).

Der christliche Autor und Redner Stuart Briscoe erzählt gerne
die Geschichte, wie er als Collegestudent für eine Bank in Eng-
land arbeitete, die von einem unehrlichen Mann geleitet wurde.
Dieser Mann wollte, dass auch Stuart die Kunden betrog. Doch
Stuart sagte ihm: „Wenn Sie wollen, dass ich *für* Sie stehle, wieso
glauben Sie dann, dass ich nicht auch *von* Ihnen stehle?" Das ist
das Beispiel eines Mannes, der darauf achtete, sein Gewissen rein
zu halten.

Zweitens lehrte Petrus, dass Christen mit einem reinen Gewissen „jederzeit bereit zur Verantwortung jedem gegenüber
(sind), der Rechenschaft von (ihnen) über die Hoffnung in (ihnen) fordert" (Vers 15). Ihre weltlichen Gegenspieler, die versuchen, die Christen zu verunglimpfen, werden zuschanden werden

durch das Beispiel der Gläubigen, die nach anderen Werten leben. Gott wird unsere Aufrichtigkeit, Freundlichkeit und Demut dazu gebrauchen, um die Welt zu überführen. Oder mit Petrus' Worten: „... damit die, welche euren guten Wandel in Christus verleumden, darin zuschanden werden, worin euch Übles nachgeredet wird" (Vers 16).

Ein reines Gewissen gibt uns die Freiheit, das Richtige zu tun – trotz des Drucks und der Erwartungen einer Gesellschaft, die sich von Gott abgewandt hat.

Ein neuer Anfang

Vielleicht haben Sie Zeiten erlebt, in denen Sie nicht von Ihrem Glauben erzählten, weil Ihre innere Stimme Sie schuldig sprach und Sie wussten, dass Sie kein gutes Ebenbild von Jesus waren. Durch Ihr Schweigen, so dachten Sie vielleicht, würden Sie Gott einen Gefallen tun. Schließlich wollten Sie seinen Ruf nicht schädigen, indem Sie verkündeten, sein Nachfolger zu sein, während Sie doch im Schatten eines Sie anklagenden Gewissens lebten.

Ich bete dafür, dass Sie durch dieses Buch gelernt haben, nicht länger auf diese Stimmen zu hören, die Sie verurteilen wollen. Wenn Ihr Gewissen Sie quält und Sie deshalb verstummt sind, dann bete ich dafür, dass Sie von nun an ein besserer Zeuge für das Erlösungswerk Jesu werden können, ohne in alte Verhaltensmuster zurückzufallen.

Wenn Sie anderen Menschen wehgetan haben, sprechen Sie mit ihnen und bitten Sie sie um Vergebung. Geben Sie zu, dass Sie als Nachfolger Christi den Herrn nicht so gut repräsentiert haben, wie Sie gesollt hätten. Bekennen Sie demütig, dass Sie kein perfekter Christ sind, aber trotzdem ein Christ. Dann geben Sie Ihr Zeugnis. Die Menschen hassen Heuchelei, doch sie schätzen Ehrlichkeit von jemandem, der einen Fehler gemacht hat und bereit ist, diesen auch zuzugeben.

Ich glaube, dass wir als Vertreter Jesu die große Chance haben, Einfluss zu nehmen auf unsere Gesellschaft und, noch wichtiger, auf die geistliche Ausrichtung unserer Mitmenschen. Machen Sie sich das Privileg bewusst, dass wir in einer Zeit leben, in der Millionen Menschen in einem Wirbelwind religiöser Möglichkeiten nach dem richtigen Weg suchen. Viele wünschen sich Erfüllung, und wir haben das Privileg, ihnen die richtige Richtung auf ihrem geistlichen Weg weisen zu können. Denken Sie daran: Viele Menschen verbringen ihr ganzes Leben damit, die Stimme ihres Gewissens zu unterdrücken. Als Christ haben Sie die Antwort auf die Frage, wie man ein reines Gewissen bekommt.

Ich bin überzeugt, dass sich die Menschenmassen nicht aufgrund von großangelegten Evangelisationseinsätzen, dem Internet, religiösen Filmen oder guten Fernsehsendungen zu Gott bekehren. Wenn es zu einer christlichen Erweckung kommt, dann weil sich einzelne Gläubige der Herausforderung stellen, über ihren Glauben zu sprechen, und weil sie das Evangelium zu Hause und bei der Arbeit leben. Gläubige wie Sie.

Unsere gegenwärtige Herausforderung ähnelt der der frühen Christen in einer Gesellschaft, die von einer leidenschaftlichen Hingabe an falsche Götter geprägt war. Die Anbetung des Kaisers und einer Unzahl verschiedener Götter und Göttinnen dominierten Kultur und Gedankengut der Römer. Die heidnische Bevölkerung war bereit, Jesus zu der langen Liste anbetungswürdiger Götter hinzuzufügen. Jedoch widersetzten sie sich dem Gedanken, dass es nur einen wahren Gott gibt und dass alle anderen wertlose Götter sind. Die Heiden gestanden Jesus also mit anderen Worten zu, ein Gott zu sein, aber sie stießen sich an der Lehre, dass er der König der Könige und Herr der Herren ist.

Petrus würde uns heute sagen: „Lebt mit einem reinen Gewissen. Habt keine Angst. Verteidigt Jesus mit Sanftmut und Respekt!"

Diese Worte haben für uns heute noch die gleiche Bedeutung wie für die Gläubigen im 1. Jahrhundert n. Chr. Ja, wir müssen uns mit dem religiösen Klima unserer Zeit auseinandersetzen, doch sollten wir das mit Demut, Respekt und dem Wissen um den Grund für unsere Hoffnung tun.

Wie also geben wir Zeugnis von unserem Glauben?

Nicht länger schweigen

Ein reines Gewissen befähigt uns, auch Nachteile in Kauf zu nehmen. Durch Gottes Gnade werden wir in die Lage versetzt, nach unseren Überzeugungen zu leben, egal, wie schwer das ist. Ich möchte keineswegs den Druck kleinreden, dem manche Christen in ihrem Zeugnis ausgesetzt sind. Wenn wir Geschichten davon hören, was Gläubige in anderen Ländern zu erdulden haben, müssen wir uns vielmehr fragen, ob wir auch selbst ähnlichem politischen oder religiösen Widerstand standhalten könnten.

Vor ein paar Jahren unterhielt ich mich mit einem Pastor aus Ostdeutschland. Bis 1989 hatte er unter sowjetischer Besatzung gelebt. Er erzählte mir, wie der Kommunismus die Christen lehrte, Stillschweigen über ihren Glauben zu bewahren. Wer sich zu seinem Glauben bekannte und in die Kirche ging, wurde ausgegrenzt, eingeschüchtert und gedemütigt. Eltern wurde beispielsweise gesagt: „Ich habe gehört, dass Sie zur Kirche gehen. Wenn Sie das nicht unterlassen, dürfen Ihre Kinder nicht zur Schule gehen, und Sie erhalten keine Beförderung bei der Arbeit." Viele Christen ließen sich durch solche Einschüchterungen mundtot machen. Ihr Glaube wurde zu ihrer Privatsache, der nicht an die nächste Generation weitergegeben wurde. Traurigerweise gehen auch heute noch nur etwa 13 Prozent der Bevölkerung zur Kirche.

Petrus sprach diese Worte zu den verfolgten Christen:

Geliebte, lasst euch durch das Feuer der Verfolgung unter euch, das euch zur Prüfung geschieht, nicht befremden, als begegne euch etwas

Fremdes; sondern freut euch, insoweit ihr der Leiden des Christus teil-
haftig seid, damit ihr euch auch in der Offenbarung seiner Herrlichkeit
jubelnd freut! Wenn ihr im Namen Christi geschmäht werdet, glückse-
lig seid ihr! Denn der Geist der Herrlichkeit und Gottes ruht auf euch.
… Daher sollen auch die, welche nach dem Willen Gottes leiden, einem
treuen Schöpfer ihre Seelen anbefehlen im Gutestun.
(1. Petrus 4,12-14.19)

Sein reines Gewissen ermöglichte es Paulus, unerschrocken Zeugnis von Jesus zu geben: „Denn unser Rühmen ist dies: *das Zeugnis unseres Gewissens*, dass wir in Einfalt und Lauterkeit Gottes, nicht in fleischlicher Weisheit, sondern in der Gnade Gottes gewandelt sind in der Welt, besonders aber bei euch" (2. Korinther 1,12; Hervorhebung durch den Autor). Die Grundlage für Paulus' Freimut war sein reines Gewissen, ohne das er nicht glaubwürdig und barmherzig vom Evangelium hätte reden können.

Einigen wir uns darauf, nicht länger zu schweigen. Wir dürfen keine Nervensägen werden, doch gleichzeitig sollten wir unseren Mund nicht halten. Ich habe gelernt, dass ich am besten von meinem Glauben berichten kann, indem ich Fragen stelle und herauszufinden versuche, an welchem Punkt auf ihrem geistlichen Weg andere Menschen stehen. Initiieren Sie Diskussionen, um zu verstehen, was andere über Gott, Religion und besonders über Jesus denken.

Wie man das macht? Nachfolgend stelle ich Ihnen einige Fragen vor, die ich gerne zum Einstieg in ein Gespräch über geistliche Themen stelle:

◊ Wo stehen Sie auf Ihrem geistlichen Weg?
◊ Wie sehr haben Sie sich als Erwachsener mit der Bibel beschäftigt?
◊ Wie sehen Sie Gott?
◊ Welche Erfahrungen haben Sie mit dem Christentum gemacht?

◊ Wären Sie damit einverstanden, dass ich Ihnen etwas erzähle? Als mir jemand dasselbe erzählte, veränderte das mein Leben!

◊ Ich würde gerne für Sie beten. Gibt es etwa Spezielles, für das ich im Lauf der nächsten Woche beten kann?

Natürlich können Sie auch ganz andere Fragen stellen. Aber vermeiden Sie es, einen Vortrag über Jesus zu halten, ohne vorher behutsam die Einstellung Ihres Gegenübers herauszufinden. Tun Sie es Jesus gleich – auch er begann ein Gespräch oft damit, dass er Fragen stellte.

Viele Christen haben Angst, von ihrem Glauben zu erzählen, weil sie meinen, die daraus entstehenden Fragen nicht beantworten zu können. Doch in dem religiösen Klima unserer Zeit ist es wichtiger, ein guter Zuhörer zu sein als ein guter Redner. Menschen wollen gehört werden. Zuzuhören, was sie zu sagen haben und was sie fühlen, ist ein erster Schritt. Langsam können Sie so eine Brücke zu ihren Herzen bauen.

Und was, wenn Ihnen Ablehnung entgegenschlägt? Suchen Sie die Freundschaft dieser Menschen und finden Sie heraus, warum sie so zornig sind. Was genau am Christentum stößt sie ab? Viele Menschen haben, menschlich gesprochen, gute Gründe, um Gläubigen mit Skepsis und Misstrauen zu begegnen. Freundschaft – wahre Freundschaft – ist immer noch die beste Evangelisationsmethode. Die Gläubigen der Urgemeinde waren unter anderem deswegen so erfolgreich darin, Menschen zu Jesus zu führen, weil sie die Kunst der Gastfreundschaft praktizierten. Ihre Freundlichkeit erregte die Aufmerksamkeit ihrer Umgebung.

Gerne gebe ich nichtchristlichen Freunden oder Kollegen ein Buch zu lesen, das ihnen gefallen könnte. Dazu sage ich, dass ich in den folgenden Wochen gerne mit ihnen über dieses Buch sprechen würde. Das Buch selbst kann evangelistisch sein oder nicht; wichtig ist vor allem, dass es ein weiterführendes Gespräch ermöglicht. Weitere Bücher können folgen.

Haben Sie Geduld. Seien Sie freundlich. Bleiben Sie demütig.

Denken Sie daran, dass die Menschen der Welt Bloßstellung fürchten. Sie wollen nicht mit ihrem wahren Wesen konfrontiert werden. Wie wir bereits gelernt haben, tun Menschen alles in ihrer Macht Stehende, um nach außen gut dazustehen, auch wenn ihnen ihr Gewissen etwas anderes sagt. Wenn wir in Bezug auf uns selbst ehrlich sind, machen wir es auch den anderen leichter, ehrlich zu sein. Der Heilige Geist wirkt durch das Gewissen und zeigt den Menschen ihre Bedürftigkeit.

Gott macht uns nicht dafür verantwortlich, wenn andere Menschen das Evangelium nicht annehmen; er zieht uns aber sehr wohl zur Rechenschaft, wenn wir gar nicht erst davon erzählen. Unsere Verantwortung besteht darin, den Samen auszustreuen. Nur Gott kann den Boden des menschlichen Herzens bereiten, damit die Saat aufgeht. Nur er kann den notwendigen Glauben schenken.

Möge unser Zeugnis doch so sein wie das des Apostels Paulus:

Darum, da wir diesen Dienst haben, weil wir ja Erbarmen gefunden haben, ermatten wir nicht; sondern wir haben den geheimen Dingen, deren man sich schämen muss, entsagt und wandeln nicht in Arglist, noch verfälschen wir das Wort Gottes, sondern durch die Offenbarung der Wahrheit empfehlen wir uns jedem Gewissen der Menschen vor Gott (2. Korinther 4,1-2; Hervorhebung durch den Autor).

Das Ziel der Weisung aber ist Liebe aus reinem Herzen und gutem Gewissen und ungeheucheltem Glauben (1. Timotheus 1,5; Hervorhebung durch den Autor).

Da Gott uns ein reines Gewissen geschenkt hat, sind wir nun frei, anderen von der guten Botschaft zu erzählen, dass es in Gottes Herz mehr Gnade gibt als Sünde in unserer Vergangenheit. Weisen wir einander liebevoll zu dem Einen hin, der uns gnädig und liebevoll in unserem Streben nach Ganzheit begleitet.

Eine Bibelstelle zum Nachdenken

Aber wenn ihr auch leiden solltet um der Gerechtigkeit willen, glückselig seid ihr! Fürchtet aber nicht ihren Schrecken, seid auch nicht bestürzt, sondern haltet den Herrn, den Christus, in euren Herzen heilig! Seid aber jederzeit bereit zur Verantwortung jedem gegenüber, der Rechenschaft von euch über die Hoffnung in euch fordert, aber mit Sanftmut und Ehrerbietung! Und habt ein gutes Gewissen, damit die, welche euren guten Wandel in Christus verleumden, darin zuschanden werden, worin euch Übles nachgeredet wird. Denn es ist besser, wenn der Wille Gottes es will, für Gutestun zu leiden als für Bösestun.
(1. Petrus 3,14-17)

Weiterführende Fragen zur Vertiefung:

◊ Was ist für Sie die größte Herausforderung beim Zeugnisgeben?

◊ Erinnern Sie sich an Gelegenheiten, als Ihr aufgewühltes Gewissen Sie davon abhielt, anderen Menschen von Gottes Vergebung und Gnade zu erzählen? Sind Sie bereit, den genauen Grund für Ihre Zurückhaltung zu benennen und Gott darum zu bitten, in diesem Bereich Ihres Lebens zu wirken?

◊ Sind Sie jetzt entschlossen, sich ein reines Gewissen zu bewahren, indem Sie regelmäßig vor Gott und Menschen Buße tun?

ZUM WEITERLESEN ...

Erwin W. Lutzer
Wie aus Fehlern Chancen werden
Das Beste aus falschen Entscheidungen machen

Pb., 176 S., 13,5 x 20,5 cm
Best.-Nr. 273 962
ISBN 978-3-89436-962-0

Fehler können uns ein ganzes Leben lang verfolgen: die Wahl des falschen Ehepartners oder Berufs, Geldverlust durch riskante Investitionen oder eine schuldhaft zerstörte Beziehung usw. Erwin Lutzer zeigt Wege, wie man das Beste aus schlechten Entscheidungen machen und in eine bessere Zukunft starten kann.

Erwin W. Lutzer
**Wie kann ich wissen,
dass ich in den Himmel komme?**

Pb., 176 S., 13,5 x 20,5 cm
Best.-Nr. 273 693
ISBN 978-3-89436-693-3

Erwin Lutzer erklärt, warum man wissen kann, wo man die Ewigkeit verbringt. Es geht u. a. um die Fragen: Wie vollkommen muss man für den Himmel sein? Was ist, wenn man Zweifel an seiner Errettung hat?

Andrew David Naselli und J. D. Crowley
Das Gewissen
Verstehen, wie es tickt

Pb., 192 S., 13,5 x 20,5 cm
Best.-Nr. 271 341
ISBN 978-3-86353-341-0

Was ist das Gewissen, wofür haben wir es und wie können wir es trainieren? Was tun wir, wenn unser Gewissen im Widerspruch zur Bibel steht? Wie gehen wir mit Menschen um, die eine andere Gewissensüberzeugung vertreten? Naselli und Crowley beziehen klar Stellung dazu, was Sünde ist und was nicht und wie unser Gewissen uns bei dieser Unterscheidung hilft, damit wir weder in Gesetzlichkeit noch in eine Alles-ist-erlaubt-Haltung verfallen. Ein herausforderndes und dennoch leicht verständliches Buch über ein heute oft viel zu wenig beachtetes „Organ".

Bobby Conway
Wenn du zweifelst ...

Pb., 240 S., 13,5 x 20,5 cm
Best.-Nr. 271 193
ISBN 978-3-86353-193-5

Dürfen Christen zweifeln? Ja, dürfen sie. Sie müssen darüber auch in der Gemeinde sprechen dürfen, denn nur dann können die Zweifel zu einem vertieften Glauben statt zum Unglauben führen. Wir dürfen mit allen Zweifeln zu Gott kommen und uns gegenseitig bei Schwierigkeiten helfen.